LE MONDE AU DÉFI

Du même auteur

Les Mondes de François Mitterrand : À l'Élysée (1981-1995), Fayard, 1996.

Les Cartes de la France à l'heure de la mondialisation, avec Dominique Moïsi, Fayard, 2000.

Face à l'hyperpuissance, Fayard, 2003.

François Mitterrand, un dessein, un destin, coll. « Découvertes », Gallimard, 2006.

Continuer l'Histoire, Fayard, 2007.

Rapport pour le président de la République sur la France et la mondialisation, Fayard, 2007.

Atlas du monde global, avec Pascal Boniface, Fayard et Armand Colin, 2008.

Atlas des crises et des conflits, avec Pascal Boniface, Armand Colin, 2009.

Le Temps des chimères, Fayard, 2009.

Atlas de la France, avec Pascal Boniface, Armand Colin, 2011.

Dans la mêlée mondiale (2009-2012), Fayard, 2012.

La France au défi, Fayard, 2014.

Rapport pour le président de la République française sur les conséquences du retour de la France dans le commandement intégré de l'Otan, sur l'avenir de la relation transatlantique et sur les perspectives de l'Europe de la Défense, novembre 2012 (en ligne sur les sites de la Présidence et des ministères des Affaires étrangères et de la Défense).

Rapport (à titre de coauteur) *au ministre de l'Économie et des Finances : « Un partenariat pour l'avenir : 15 propositions pour une nouvelle dynamique économique entre l'Afrique et la France »*, décembre 2013 (en ligne sur le site du ministère de l'Économie et des Finances), et « Pluriel » Fayard, 2015.

Hubert Védrine

Le monde au défi

Fayard

Couverture : Atelier Didier Thimonier

ISBN 978-2-213-70089-2

1

Où est passée la communauté internationale ?

Les espérances de San Francisco

Mais que fait la « communauté internationale » ?

Confrontés que nous sommes au spectacle chaotique du monde qui aggrave la confusion des idées, cette question lancinante vient naturellement à l'esprit.

Réponse : Rien, ou si peu.

Comment pourrait agir une communauté internationale qui n'existe pas encore en 2016, ou à peine ? C'est un noble objectif, mais toujours pas une réalité.

Comment est-ce possible soixante-dix ans après la fondation des Nations unies, dont on a célébré l'anniversaire en automne 2015 ?

L'expression « communauté internationale » est tellement courante qu'elle en est presque devenue un tic de langage dans les médias, la classe politique, les ONG et les communiqués des sommets multilatéraux… Pourtant, elle correspond bien peu à la réalité, chaque jour observable, d'une Babel après la chute des illusions.

N'existerait-il donc pas d'éléments constitutifs d'une « communauté internationale » ?

Si, bien sûr, à commencer par la Charte des Nations unies, adoptée à San Francisco le 26 juin 1945 par les cinquante pays fondateurs, et qui traduisait la volonté d'empêcher que ne se reproduisent les immenses tragédies du XXe siècle, ces presque trente années de guerre mondiale entre 1914 et 1945, avec leur cortège de morts, entre 70 et 90 millions, selon les estimations.

Cette charte s'inspirait de grands textes antérieurs comme *Vers la paix perpétuelle*, écrit par Emmanuel Kant en 1795, année où prit fin la Révolution française, ou encore de traités de droit international élaborés au XIXe siècle.

Dès le 14 août 1941, réunis au large de Terre-Neuve sur le navire *USS Augusta*, Roosevelt et Churchill en avaient formulé les bases dans leur Charte de l'Atlantique. Puis, il y eut les arbitrages rendus à Téhéran, Yalta et Potsdam par les Alliés, États-Unis, Grande-Bretagne et URSS, futurs vainqueurs, sur les structures et le fonctionnement de l'organisation à édifier.

Résultat : un texte fort, clair et simple, exempt de la novlangue qui a tout envahi par la suite, précédé d'un préambule ambitieux et inspiré dans son exergue par le fameux « *We, the people* » de la Constitution des États-Unis. Texte qu'on ne peut relire aujourd'hui sans émotion :

« Nous, peuples des Nations unies,

Résolus

À préserver les générations futures du fléau de la guerre qui, deux fois en l'espace d'une vie humaine, a infligé à l'humanité d'indicibles souffrances,

À proclamer à nouveau notre foi dans les droits fondamentaux de l'homme, dans la dignité et la valeur de la personne humaine, dans l'égalité de droits des hommes et des femmes, ainsi que des nations, grandes et petites,

À créer les conditions nécessaires au maintien de la justice et du respect des obligations nées des traités et autres sources du droit international,

À favoriser le progrès social et instaurer de meilleures conditions de vie dans une liberté plus grande,

Et à ces fins

À pratiquer la tolérance, à vivre en paix l'un avec l'autre dans un esprit de bon voisinage,

À unir nos forces pour maintenir la paix et la sécurité internationales,

À accepter des principes et instituer des méthodes garantissant qu'il ne sera pas fait usage de la force des armes, sauf dans l'intérêt commun,

À recourir aux institutions internationales pour favoriser le progrès économique et social de tous les peuples,

Avons décidé d'associer nos efforts pour réaliser ces desseins.

En conséquence, nos gouvernements respectifs, par l'intermédiaire de leurs représentants, réunis en la ville de San Francisco, et munis de pleins pouvoirs reconnus en bonne et due forme, ont adopté la présente Charte des Nations unies et établissent par les présentes une organisation internationale qui prendra le nom de Nations unies. »

Même si, à San Francisco, le texte précise que c'était bien sûr les gouvernements et non les peuples qui étaient rassemblés, quel contraste avec le monde de 2016 !

En 1945, une fois le nazisme allemand et le militarisme japonais écrasés, avant que la guerre froide n'oppose les alliés d'hier, on voulait y croire, et ce lyrisme sonnait juste. D'autant que les concepteurs de la Charte avaient également tiré les leçons de l'impuissance de la SDN : ils s'étaient mis d'accord pour créer un Conseil de sécurité, composé de quinze membres, dont cinq permanents, dotés d'un droit de veto (sinon, pas d'ONU, car les puissances n'y seraient pas restées). Ils avaient prévu, au chapitre VII, la possibilité d'un usage légal et légitime de la force pour rétablir la paix et la sécurité..., tout en confirmant en même temps le principe général de non-ingérence dans les affaires intérieures des États auquel étaient attachés tous les signataires.

Pourtant, le monde allait bientôt entrer dans le long tunnel de la guerre froide, opposant l'Ouest et l'Est, le camp américain et le camp soviétique. Lorsque, quarante-cinq ans plus tard, celle-ci s'achève, s'amorcent une mondialisation qui sera à moitié ratée, à la fois enrichissante et destructurante, donc contestée, et la remise en mouvement d'une histoire longtemps congelée, tandis que les nations, autrefois colonisées, émergent et montent à leur tour sur la scène, parce que c'est leur tour et qu'elles veulent prendre leur revanche.

*

Au cours de ces soixante-dix années, la Charte, avec son univers merveilleux de valeurs partagées, de coopération internationale et de résolution pacifique des conflits, a été constamment invoquée, mais aussi souvent ignorée, voire bafouée, et ce dès le début de la guerre froide. Comme son nom l'indique, cette guerre restera heureusement froide, du moins entre les deux principaux camps antagonistes. Même si, par chance, les deux camps ne se sont pas directement combattus lors de cet affrontement, le Conseil de sécurité fut paralysé par l'abus du veto des deux superpuissances et se révéla dans l'incapacité d'arrêter les nombreux conflits issus de la décolonisation et attisés par la compétition Est-Ouest.

Cependant, l'espérance mise dans des nations qui seraient « unies », et formeraient ainsi une « communauté » internationale, restait tenace. Cet espoir, cette foi même, a resurgi, vibrante et forte, dès la disparition de l'URSS, en décembre 1991, surtout chez les Occidentaux qui se sont considérés de fait comme les vainqueurs, à tel point qu'ils n'ont jamais cherché, comme le déplore Henry Kissinger lui-même, à intégrer vraiment la Russie dans une nouvelle structure mondiale de sécurité. Ainsi, au cours des vingt-cinq dernières années, les États-Unis ont souvent abusé, jusqu'à l'*hubris*, de ce qu'ils ont cru être leur toute-puissance – et c'est d'ailleurs dans la décennie 1990 que j'ai utilisé à leur égard le terme d'« hyperpuissance ».

Lors de la décennie suivante, les États-Unis réagirent de façon contrastée et contradictoire à la prise de conscience, partielle et douloureuse, de la perte de leur monopole de puissance, tandis que les Européens se berçaient d'illusions, que les Russes ressassaient leur amertume, que le monde arabo-islamique oscillait entre verrouillage, dénonciations et convulsions, qu'enflait la vague du terrorisme islamique et que l'économie globale de marché, financiarisée et dérégulée, finissait par exploser en 2008.

Et tout cela sur fond de dérive démographique des continents, de réduction de la proportion d'Européens et de compte à rebours écologique...

Voilà où nous en sommes.

Les gentils membres de la communauté internationale

Il n'est pourtant pas contestable que quelques groupes vivent d'ores et déjà dans une sorte de communauté internationale professionnelle, fonctionnelle, juridique ou philosophique, et que beaucoup d'entre eux s'emploient, jour après jour, tels des bénédictins, à en tisser le fil. À commencer bien sûr par ceux dont c'est le métier : les fonctionnaires internationaux, quelque 170 000 personnes (dont 16 500 Français) qui œuvrent au sein des 180 organisations du système des Nations unies, l'ONU proprement dite et les nombreux organes spécialisés de substitutions (FAO, OMS, Unesco, OFCI, etc.). Leur monde n'est pas pour autant postnational (ils ne sont pas éthérés), ni même supranational (sauf, en partie, pour les fonctionnaires de la Commission de Bruxelles ou les juges de la Cour de justice européenne[1], ou de la Cour pénale internationale[2]), il est bel et bien international.

Ils sont bien placés pour savoir que les nations demeurent, qu'elles sont vivaces et que, dans leurs enceintes, elles se livrent entre elles à un incessant marchandage sur la base de leurs intérêts[3]. C'est un monde particulier où certains croient encore voir les personnages de *Belle du Seigneur* d'Albert Cohen (Solal, qui s'occupe chaque jour à tailler ses crayons), le style en moins. Mais c'est aussi un monde au sein duquel de grandes personnalités incarnent ou ont incarné ce projet d'une communauté internationale, à l'instar, entre autres, de

1. Présidée par le Français Ronny Abraham.
2. Où siège un Français, Marc de Brichambaut.
3. Même pour classer des sites à l'Unesco au titre du « Patrimoine mondial », dont la moitié sont ensuite menacés par l'homme !

Ban Ki-moon, António Gutteres, Lakhdar Brahimi, Staffan de Mistura, Mary Robinson, Irina Bokova, et, avant eux, Kofi Annan, Boutros Boutros-Ghali ou Pérez de Cuéllar. C'est un diplomate français, Hervé Ladsous, qui a succédé à Jean-Marie Guéhenno et dirige les opérations de maintien de la paix à l'ONU. Incluons-y les personnels d'autres organisations telles que l'OMC (Organisation mondiale du commerce) – qu'incarnait Pascal Lamy – ou quelques organisations régionales, l'OEA (Organisation des États américains), l'Union africaine, l'Asean, pour le Sud-Est asiatique, etc. D'une certaine façon, font également partie de ce cercle ceux parmi les diplomates des 197 pays du monde dont la négociation multilatérale à New York, Genève, Bruxelles ou ailleurs est le métier quotidien. Pendant l'année 2015, ce sont quelque 10 000 personnes qui ont préparé la COP21 (21e conférence des parties à la convention-cadre des Nations unies sur les changements climatiques) qui eut lieu à Paris-Le Bourget en décembre 2015.

Outre les fonctionnaires et les diplomates, des dizaines, voire des centaines de milliers de juristes, d'avocats, de professeurs, de juges, de directeurs des affaires juridiques, d'experts négocient, rédigent et surveillent l'application de dizaines de milliers de textes, s'employant à faire vivre tout à la fois cette immense ruche et cet entrelacs de droits, de devoirs et d'obligations qu'est le droit international (surtout effectif pour le droit des affaires), et tous mus par l'espoir de faire prévaloir un jour le droit sur la force.

Au-delà de ces ensembles diplomatiques et juridiques, on ne peut omettre dans ce recensement à la Prévert les autres acteurs de la communauté internationale : les opérateurs de marché (mais pour un banquier, la communauté internationale, ce sont d'abord les institutions de Bâle, la BRI, la SFI, la Federal Reserve Bank américaine) et tous ceux qui importent, achètent, revendent, transportent – surnommés par les Guignols de l'info la « World Company » –, et donc aussi les personnels des compagnies aériennes ou maritimes – encore que, pour eux, il s'agisse plus d'un espace de compétition que d'une « communauté ». Élargissons notre tour d'horizon aux scientifiques[1], aux marchands et galeristes de New York, de Shanghai et d'ailleurs, qui vivent des engouements ou des calculs des acheteurs ou des spéculateurs de l'art contemporain ; au monde du luxe et de la mode, avec ses *fashion weeks* à répétition ; aux centaines de

1. Pour donner un ordre de grandeur : entre 1996 et 2001, 25 millions d'études ont été signées et publiées en anglais pour 15 millions de chercheurs dans 25 000 revues.

milliers de membres les plus engagés des dizaines de milliers d'ONG, et, tout d'abord, de celles qui sont tournées vers le développement, les droits de l'homme ou l'écologie. Sans omettre, bien sûr, les 3 milliards d'internautes – soit déjà 42 % de la population mondiale (!) –, dont 2 milliards sont aussi sur les réseaux sociaux.

*

Ces mondes ne forment pas pour autant une « communauté ». Même les internautes utilisent plusieurs langues : d'abord l'anglais, bien sûr (536 millions), mais aussi le chinois (444 millions), le français (334 millions), l'espagnol (153 millions), le japonais (99 millions), le portugais (82 millions).

Le cas du sport de haut niveau offre un autre cas de figure : seuls quelques milliers de professionnels participent aux grandes compétitions internationales où s'exprime en général un patriotisme bon enfant, mais celles-ci touchent des milliards de téléspectateurs lors des principales compétitions (ainsi, 5 milliards pour les JO de Londres en 2012). Cela crée-t-il des liens entre eux, ou attise-t-il les passions ? La question reste ouverte. Même remarque pour les expositions universelles : il faut faire la distinction entre les organisateurs, les exposants (quelques milliers) et les visiteurs : 73 millions à Shanghai en 2010, quelque 30 millions à Milan en 2015.

Distinguons donc ceux qui agissent, circulent, travaillent dans le monde entier, ce que permettent les transports et communications modernes, et ceux qui voient dans ce monde une « communauté ».

N'oublions pas, parmi les puissants facteurs d'unité, la langue commune, en l'occurrence le *globish*, ce parler américain, simplifié, d'aéroport, employé dans le monde entier par les hommes d'affaires et les voyageurs, un peu comme la *koinè*, grec sommaire, était parlée dans tout le monde antique. Prodigieux parcours historique d'une petite langue germanique parmi d'autres, le saxon, importée il y a un millénaire et demi dans la future Angleterre par les Saxons et les Angles, puis métissée d'un franco-normand parlé plusieurs siècles encore après la conquête de Guillaume le Conquérant, portée plus tard aux extrémités du monde par l'Empire britannique avant de devenir la langue du monde global sous l'égide de l'anglo-américain ! Autre exemple : l'usage du calendrier mondial unique « avant ou après Jésus-Christ », BC/AC, même si la pudibonderie occidentale tardive, repentante et multiculturaliste conduit certains à utiliser l'euphémisme « ère commune ».

Raisonner/résonner comme un tambour

À cet inventaire disparate recensant les groupes qui se sentent déjà parties prenantes, voire activistes, d'une « communauté » internationale et animés par des sentiments communs qui peuvent en constituer le ciment, il faut ajouter les vagues d'émotion qui se propagent dans notre caisse de résonance mondiale médiatisée après de grands drames (à condition qu'ils soient filmables), et peuvent contribuer à créer fugacement un sentiment de « communauté » de destins fondé sur une menace partagée. Ainsi, le milliard mondial de touristes a pu se sentir concerné, et terrorisé, par les images des vagues géantes provoquées par un séisme de magnitude 9,3 en Indonésie en 2004, ayant entraîné un tsunami, lequel avait déferlé sur les côtes et les plages de toute la région, provoquant 230 000 victimes ! Ou, plus récemment, par les 11 000 victimes du virus Ebola, par le tremblement de terre au large de Fukushima au Japon, en mars 2011, qui a déclenché un tsunami faisant 20 000 morts (par noyade) et entraîné l'accident de la centrale de Dai Ichi, située trop près du rivage et pas assez protégée, contrairement à une autre, mieux conçue, qui n'a subi aucun dommage.

Cet événement a eu comme conséquence directe de raviver la peur du nucléaire, même dans les contrées où il n'y a jamais eu ni tremblement de terre ni tsunami, par exemple en Allemagne, conduisant Angela Merkel à décider brusquement, pour des raisons manifestement électorales (se constituer une option d'alliance avec les écologistes), de sortir brusquement du nucléaire sans l'avoir préparé, et donc à acheter plus d'électricité nucléaire à la France et à relancer l'exploitation du charbon et du lignite allemand, pourtant énormes émetteurs de CO_2 ! Même remarque à propos de l'accident nucléaire de Tchernobyl, en avril 1986, typiquement soviétique, situé dans l'Ukraine actuelle, et de son nuage radioactif. Plus récemment, en avril 2015, le séisme dans la vallée de Katmandou, qui a fait environ 10 000 morts, a marqué les esprits en France, car le Népal est une destination très courue des randonneurs et alpinistes français. Ce large retentissement lié aux catastrophes n'est pas entièrement nouveau : l'éruption du Vésuve en 79, qui ensevelit Pompéi, nous est parvenue grâce à Pline le Jeune qui l'a racontée en détail, et on se souvient encore, grâce cette fois à Voltaire, du tremblement de terre à Lisbonne en 1755, et de ses 70 000 morts, chiffre gigantesque pour l'époque. Mais tout cela est sans commune mesure avec les feux de cheminée médiatiques contemporains de notre monde interconnecté, aux effets paradoxaux : compassion, solidarité, peur…

Toutefois, ces liens au sein de certaines professions, ces espérances juridiques, ces craintes partagées et amplifiées, ces émotions et peurs communes, tel le spectre brandi à chaque embrasement régional sérieux de l'imminence d'une « troisième guerre mondiale » par des médias ou des politiciens à court de prévisions, suffisent-ils à nourrir universellement le sentiment d'appartenir à une « communauté » mondiale ? C'est à mon sens très loin d'être le cas.

La communauté de valeurs ?

C'est une question que l'Occident, resté à la fois nombriliste et prosélyte dans l'âme, ne se pose pas, car cela risquerait d'entraîner une pénible remise en cause.

En réalité, l'expression « communauté internationale » désigne le plus souvent, dans le langage automatique de la sphère politico-médiatique occidentale, une « communauté de valeurs », valeurs de l'Occident, bien sûr, ces fameuses *valeurs-qui-sont-les-nôtres*, *valeurs-occidentales-universelles*, dont nous pensons (pensions ?) qu'elles doivent inspirer le monde entier et qu'à défaut nous avons pour mission de propager, surtout depuis que l'URSS, disparue il y a vingt-cinq ans, ne peut plus nous en empêcher. Presque tous les Occidentaux interventionnistes, des nationalistes bushiens aux droits-de-l'hommistes les plus idéalistes, sont partisans de l'ingérence, même quand les strictes conditions fixées au chapitre VII de la Charte des Nations unies ne sont pas réunies. Ils communient toujours dans cette foi missionnaire et, ces vingt-cinq dernières années, seuls y ont été réfractaires, parmi les élites, une poignée de réalistes vite traités par les autres, au prix d'un contresens, de cyniques.

Les interventionnistes, eux, ne se résignent pas à ce que l'Occident ne soit plus le maître du monde et ne puisse plus étendre ses croyances, ses « valeurs » par décret ou par la force. Tout devrait, encore et toujours, partir de nous, de notre rôle, de notre mission, de notre responsabilité. La « communauté internationale » est donc, selon cette conception, le champ d'expansion naturel, légitime et illimité de nos valeurs. Cette conception idéologique est plus marquée en France et aux États-Unis qu'ailleurs (rôle universel, exceptionnalisme, mission civilisatrice, prétention historique), et ce dans les élites comme dans les médias, mais parfois aussi, selon les circonstances, dans l'opinion[1]. Les Occidentaux sont en fait divisés et changeants en ce qui concerne leur rapport au monde extérieur : *the rest*. Ils oscillent sans fin entre deux attitudes : traiter avec lui tel qu'il est – réalisme –, ou le changer par le prêche et, s'il le faut, par la contrainte, ancienne tradition ou obligation revenue en force en Occident au cours des vingt-cinq dernières années avec le mouvement « néoconservateur[2] » aux États-Unis ou avec celui du droit d'ingérence en France et du droit-de-l'hommisme. Si l'on voit les choses ainsi, à quoi bon faire de la diplomatie, négocier avec le reste de la « communauté internationale » ? Tous ces efforts sont superflus, voire compromettants. Il suffit d'afficher ses « valeurs », d'exiger que les Alliés soient alignés, puis de procéder à l'égard des autres par remontrances, sanctions, boycotts, refus de négocier avec X ou Y (terroriste, dictateur, etc.), de brandir les menaces d'un recours à la force et, à l'occasion, d'intervenir. Cette problématique a dominé en Occident depuis le dernier quart du XXe siècle.

1. Les opinions oscillent. En septembre 2015, par exemple, 56 % des Français étaient favorables à une intervention militaire *terrestre* en Syrie contre Daesh.

2. Désigne les conservateurs qui jugeaient les conservateurs de type Nixon ou Kissinger trop réalistes.

Ce n'est que récemment que les Occidentaux se sont résignés à négocier avec l'Iran (à propos du nucléaire), avec la Russie (à propos de l'Ukraine, de la Syrie). D'où l'accord du 14 juillet 2015 sur le nucléaire iranien, finalement obtenu par Obama en y incluant les améliorations demandées par la France. D'où aussi les réunions de Vienne, en octobre et décembre 2015, sur l'avenir de la Syrie, mais sur laquelle une vraie évolution de la Russie qui s'est replacée en position de force est tout sauf assurée. Pourtant, il faut bien négocier avec ses adversaires ! Mais, alors, toutes les tensions du monde surgissent, ou resurgissent : ambitions contradictoires entre puissances, antagonismes virulents entre les pays censés se coaliser contre Daesh, escalade des tensions en Asie du Nord-Est entre Chine et Corée, Japon et États-Unis, convulsions au sein de l'Islam, destructuration du Moyen-Orient, etc.

Bref, retour au monde réel, et, inévitablement, à la *realpolitik*, moins néfaste que l'*irrealpolitik*.

*

Avatar économique de la communauté de valeurs : la conviction que le marché – l'économie globale de marché (en l'espèce dérégulée et financiarisée), la « démocratie de marché » – avait vocation à unifier le monde et à dissoudre les identités récalcitrantes comme de vulgaires calculs rénaux. Si la liberté du commerce est un dogme (celui-là même au nom duquel, au milieu du XIXe siècle, l'Empire britannique avait fait la guerre à la Chine pour l'obliger à acheter son l'opium qu'elle produisait en Inde[1]), le protectionnisme n'est pas une erreur, mais une hérésie. Et tous les particularismes antagonistes de l'Histoire ont vocation à se fondre dans le marché mondial. À l'évidence, ce n'est pas ce qui s'est produit, d'où, entre autres, le piétinement des négociations générales dans le cadre de l'Organisation mondiale du commerce pour ouvrir les marchés et harmoniser les normes. La mondialisation récente a créé des milliardaires à foison et sorti des centaines de millions de paysans (en général asiatiques) de l'extrême pauvreté, mais au prix d'un accroissement faramineux des inégalités de plus en plus insupportable.

Partie pour être un triomphe de l'Occident, à la fois géopolitique, économique, idéologique, culturel et conceptuel, l'histoire du dernier quart du XXe siècle démontre en fait que les perceptions des

1. Lire l'extraordinaire saga du Bengali Amitav Ghosh, *Un océan de pavots*, traduit par Christiane Besse, Robert Laffont, 2010.

peuples ne sont pas devenues homogènes par le miracle de la mondialisation, de la généralisation des portables et d'Internet, de l'action de l'ONU, de la multiplication des sommets, que nos valeurs occidentales-universelles ne sont pas partout considérées comme universelles, que les mémoires des peuples ne coïncident toujours pas entre elles, pas plus que leurs espoirs ou leurs craintes. L'histoire reste dans beaucoup de pays un réservoir où l'on cherche des munitions pour les controverses du moment et les batailles de demain.

En France, la névrose est plus forte qu'ailleurs et un roman masochiste antinational prétend y supplanter le simpliste roman national façon IIIe République. On y est passé de l'autoglorification sans nuances à l'autoaccusation expiatoire sans s'être stabilisé de façon consensuelle à l'étape intermédiaire de la lucidité historique.

Bien sûr, dans la très longue durée (Braudel, et plus récemment Harari[1]), les peuples du monde tendent vers une certaine unité à travers les siècles et des bouleversements d'envergure, mais, en attendant, en 2016, ils n'attribuent pas du tout le même sens au concept de « communauté internationale ».

1. *Sapiens, une brève histoire de l'humanité*, prodigieux essai de Yuval Noah Harari, publié en hébreu, puis traduit dans une trentaine de pays en 2014-2015, paru en France chez Albin Michel en 2015.

2

Les Occidentaux désemparés devant un monde qui n'est pas ce qu'il devrait être

Les espérances déçues

Revenons sur les vingt-cinq dernières années.

Vingt-cinq précisément, car la désintégration finale de l'URSS, en décembre 1991, est une date historiquement plus importante que celle de la « chute du Mur », en novembre 1989, moment sensationnel et émouvant de l'accélération de la réunification allemande déjà engagée du fait de Gorbatchev, mais qui n'est ni un point de départ ni le point d'arrivée de ce long processus. Depuis lors, les aspirations occidentales – quand elles ne sont pas mondiales – à une « communauté internationale » ne se sont pas concrétisées comme on aurait pu l'espérer, bien au contraire ! Seuls les peuples en détresse, asservis, persécutés, ou privés d'État – Palestiniens, Kurdes,

Syriens depuis 2011, chrétiens d'Orient depuis Daesh, Afghans, Érythréens, d'autres encore, réfugiés divers (on aurait dit autrefois les « damnés de la terre ») – se raccrochent à son invocation.

Jamais, depuis 1945, le monde n'a paru moins ordonné, plus chaotique et, de ce fait, plus inquiétant. Pendant la guerre froide, il était sous contrôle par la dissuasion nucléaire mutuelle, puis, à partir de l'ère Kissinger, par les grandes négociations de désarmement Salt et Start. Il ne l'a guère été depuis que les Occidentaux, ayant « gagné » la guerre froide, ont cru pouvoir négliger la Russie. Et c'est surtout à nos yeux d'Européens, qui croyons à une architecture, une gouvernance, une justice, bref à un ordre mondial inspiré bien sûr par nous qui en attendons tant, que ce monde est anxiogène ! Peut-être exagérons-nous les risques actuels et oublions-nous trop vite les moments vraiment dangereux et les atrocités de masse du passé, à commencer par ceux du XXe siècle, le plus meurtrier de l'histoire. Peut-être aussi sommes-nous un peu vexés, nous Français plus que d'autres peuples, que rien ne se passe comme nous l'espérions, heurtés dans notre conviction bien ancrée que c'était à nous qu'il revenait d'organiser le monde sur la base de notre universalisme autodécrété, toujours prêts à sermonner, sanctionner, nous ingérer ou nous projeter sur le monde.

Quoi qu'il en soit, l'actualité contredit chaque jour, et sans ménagement, nos attentes, ce qui a de quoi nous déboussoler et nous inquiéter. Je ne parle pas ici des stupéfiantes percées du numérique, de la génétique, de la biologie et de la biochimie, toutes à double tranchant, pour me concentrer sur la géopolitique. Et là, ce sont d'autres forces immenses – nationalismes à l'ancienne, russe, chinois ou indien, et maintenant à nouveau japonais, mais aussi israélien et arabe –, extrémistes, religieuses, de nouvelles organisations criminelles mondialisées qui refaçonnent notre monde en s'opposant à nous ou en nous ignorant.

Au Moyen-Orient, les dispositions prises dans les accords Sykes-Picot en 1916, à la conférence de San Remo, ainsi qu'au traité de Sèvres, en 1920, pour créer Syrie, Irak, Liban, Jordanie et Palestine sous mandat, se désagrègent sous nos yeux. Et, partout dans le monde où l'on trouve des musulmans, donc sur plusieurs continents, une immense vague islamiste extrémiste, djihadiste, « takfiriste » disent les spécialistes, a la volonté de terroriser et soumettre la masse des musulmans par le meurtre de ceux qui ne se plient pas à sa loi.

Comme nous n'avons pas vraiment tiré les conséquences philosophiques, politiques et diplomatiques de cette perte du *monopole* occidental sur la conduite des affaires du monde (pas la perte de la puissance ni de la richesse, mais bien perte du monopole), pourtant perceptible depuis des années, et, du fait de ce déni et de cette bouderie proprement occidentaux durant plus de vingt ans, nous faisons désormais les frais de ce dangereux retard d'anticipation, de ce manque d'adaptation et de réactivité.

Après la fin de l'URSS

Il nous faut revenir à 1991-1992, car c'est à ce moment-là que deux interprétations se sont opposées aux États-Unis, donc en Occident, à propos de la nature du triomphe sur l'URSS et sur celle du nouveau monde qui émergeait. La vision de Francis Fukuyama, en premier lieu, qui lui fit proclamer, dès 1992, la « fin de l'Histoire » : après avoir gagné la guerre froide par KO, et la démocratie advenue, l'Amérique allait bâtir un « nouvel ordre international sous la conduite éclairée des États-Unis », pour reprendre la formule du président George H. Bush. Ils en seraient le « *reluctant sheriff* » (Charles Haas), le « shérif du monde », non qu'ils y tiennent absolument ou y aient intérêt, mais parce que quelqu'un doit le faire.

Les Européens, eux, donc nous, étaient acquis d'emblée à cette thèse hégélienne idéaliste, abstraite, de la fin de l'histoire et à celle de la victoire de la « démocratie de marché » (selon la formule de Bill Clinton), si conforme à leur abdication de la puissance après 1945 (sauf la France et le Royaume-Uni). Et cela au moment même où, au contraire, l'Histoire se remettait en marche avec l'ancien « tiers-monde » devenu émergent ! Les Européens avaient été fukuyamesques avant Fukuyama[1]. La construction européenne, nouvel objet politique aux justifications successives, s'était d'ailleurs voulue depuis l'origine sans racines, sans origines, post-historique et post-tragique, fondée, par génération spontanée, sur le dépassement, voire la négation des nations et des identités des peuples comme sur celui de la puissance. Plus tard, réunis en 2003-2004 au sein de la Convention sur l'avenir de l'Europe, la majorité des représentants des États membres refuserait d'assumer une évidence : les racines chrétiennes de l'Europe. Il s'agissait pourtant de racines, pas de programme ! Autre exemple, ses pères fondateurs européens la proclamait « mère de la paix »

1. Francis Fukuyama a ensuite nuancé, affiné ses analyses, et corrigé l'usage simpliste qui avait été fait de ses thèses, pour finir par s'éloigner des néoconservateurs.

(« l'Europe, c'est la paix ! »), alors qu'elle était plutôt la fille inventive de la paix imposée sur le continent par l'URSS et les États-Unis, les premiers pères fondateurs ayant été... Staline par la menace, Truman par la réponse... L'Europe avait été conçue depuis l'origine, selon Monnet et Schuman, sous parapluie américain, sans aucun projet de puissance. Ce manque de racines et de sens assumé (imagerie européenne vide et symboles creux que ne compense pas un drapeau marial détourné) la rattrape aujourd'hui, au point de saper ses fondements.

À l'opposé, Samuel Huntington avait, dès 1993, alerté sur un risque de « choc des civilisations[1] », notamment entre l'Occident et l'Islam. Que n'avait-il dit ! Cela le fit vivement condamner par les chiens de garde de la bien-pensance universaliste, alors dominante en Occident, comme s'il avait préconisé le clash et non pas alerté sur le risque. Quand le président Jacques Chirac me dit un jour de l'année 2002 : « Je condamne cette théorie », je lui répondis : « Je combats ce risque, car il y a, de part et d'autre, des minorités qui jouent le clash. » Il reprit : « Mais ce n'est pas un

1. Il en recensait huit : chinoise, japonaise, hindoue, musulmane, occidentale, latino-américaine, africaine, orthodoxe.

choc de civilisations, ni même de cultures, mais d'incultures ! » Et moi : « Vous avez raison, et c'est pourquoi c'est si dangereux. » Les incultures occidentale et musulmane portent en elles le risque d'un affrontement sans fin…

Durant la décennie 1990, et encore après, en Europe, le parti du « Bien », qu'aucun doute n'effleure jamais, a continué de postuler comme une évidence que notre universalisme… est universel, même si c'est un universalisme qui s'est sapé lui-même, de l'intérieur, en acceptant les communautarismes et, à l'extérieur, en intervenant militairement plusieurs fois à tort. En réalité, personne en Occident n'accepte de se remettre sérieusement en cause en raison de ce que pensent, ressentent et revendiquent les peuples anciennement colonisés ou le monde russe. Non qu'il faille nécessairement leur donner raison, mais au moins les écouter et réfléchir. Pour beaucoup, c'est tout simplement impensable. Américaine ou européenne, la vision occidentale prédominante dans ces années a été triomphaliste et n'a tenu aucun compte de ce que ressentait *the rest*, c'est-à-dire tous les autres. Ou alors s'est imposé dans certains milieux, et tout spécialement en France, l'excès inverse : culpabilité, repentance et, sous prétexte du rejet de la haine de l'autre, haine de soi.

Dans ces temps troublés, cela n'a pas empêché le terme de « communauté internationale » de s'imposer tel un paradoxal tic de langage.

Les racines de cet universalisme unilatéraliste occidental sont profondes et anciennes. On pourrait même le faire remonter aux premiers chrétiens qui avaient suivi saint Paul, plutôt que la première Église de Jérusalem, en imposant que le message du Christ s'adresserait tout autant aux Grecs, aux Romains et aux autres, qu'aux juifs, parce qu'il devait être universel (*catholicos*), destiné par conséquent à tous les peuples. Saint Paul a ainsi établi les fondements du prosélytisme chrétien, devenu occidental, y compris, par un long cheminement souterrain, celui des Lumières (aujourd'hui celui du droit-de-l'hommisme), même si celles-ci s'étaient construites contre le totalitarisme de l'Église catholique quand elle contrôlait tout, mais, en fait, en sécularisant les valeurs chrétiennes.

Nous sommes les héritiers conscients, ou inconscients, car de plus en plus acculturés, de cette histoire et de cette foi. Cela ne nous prédispose pas à admettre que les peuples du monde n'ont eu ni la même histoire, ancienne ou récente, ni les mêmes traumatismes, ou illusions. Qu'ils ne vivent pas de la même façon le présent, n'ont pas les mêmes problèmes, les mêmes peurs, ni les mêmes aspirations pour l'avenir. Et que leur vision est aussi légitime que la nôtre, en tout cas à leurs yeux, alors que nous attendions qu'ils rattrapent leur retard… La mince pellicule humaine qui croit vivre dans une « communauté » internationale, au sein du système multilatéral ou de l'économie globale évoquée au début de cet essai – les médias occidentaux ou les ONG qui l'évoquent chaque jour de façon rituelle, les sommets qui s'en réclament, les vaincus de l'Histoire qui l'implorent, la globalisation commerciale et économique imposée par les forces mondialisatrices, les « marques » et les milliards de portables –, tout cela n'a pas réussi à niveler ni à éradiquer les mentalités profondes des peuples. Cela peut faire peur, mais peut aussi rassurer. Quoi qu'il en soit, cela doit être analysé si l'on veut sortir de l'impasse actuelle.

Les Occidentaux et les autres

Dans cette Babel moderne qui s'ignore, un véritable gouffre nous sépare, nous, Occidentaux, des autres. Certes, les Occidentaux ne sont pas les seuls à croire à un ordre du monde auquel ils aspirent depuis les Grecs : l'unité, le « cosmos », l'ordre mondial établi par Zeus contre les Titans. En langue quechua, exemple parmi tant d'autres, Pachacamac signifie « celui qui contrôle l'équilibre du monde ». Ah, l'équilibre du monde ! Bien des religions, des mythes ont été inventés pour répondre à cette attente. Cependant, ce sont les Occidentaux qui, pendant trois ou quatre siècles d'européanisation-occidentalisation du monde, se sont arrogé le monopole de la narration du monde, de la dénomination de la réalité et de la hiérarchie des valeurs. L'ambition de l'Église, rappelée plus haut, l'aspiration kantienne à une paix générale sur la base des « valeurs universelles » ont légitimé, à partir du XIXe siècle, la colonisation du monde, le « devoir de civilisation », célèbre fardeau de l'homme blanc, c'est-à-dire des Occidentaux chrétiens. Les « races supérieures », disait Jules Ferry qui parlait le langage de son époque, avaient le devoir de civiliser les « races inférieures ». Cela aurait été égoïste de ne pas le faire ! Et, de fil en aiguille, cette vision a conduit au droit et au devoir d'ingérence de nos années 1980-2010. Si populaire pendant une trentaine d'années jusqu'aux déconvenues actuelles.

Cet enchaînement mental occidental n'a évidemment que peu de rapport avec l'Histoire telle que l'ont vécue les autres : les Russes, les Africains, les Arabes, les Asiatiques, etc.

Même parmi les « Occidentaux », on constate de profondes différences. Les Américains ont vécu, on l'a rappelé, ce dernier quart de siècle, depuis la disparition de l'URSS et jusqu'aux mandats d'Obama dominés par la retenue, sous une forme « impériale » (l'exceptionnalisme et l'hyperpuissance des années 1990, le droit-de-l'hommisme interventionniste chez certains démocrates, l'occidentalisme activiste des néoconservateurs). Quant aux Européens, ils l'ont vécu jusqu'à il y a peu sur un mode plus ingénu, plus idéaliste, avec des variantes. L'Allemagne centrée sur sa réunification, ses soucis de rentier, sa mondialisation économique, son influence envers ses voisins retrouvée, sa bonne santé économique recouvrée grâce aux réformes de Gerhard Schröder. Elle n'a assumé qu'en partie, et à reculons, cette nouvelle puissance, et, mis à part l'épisode particulier du Kossovo en 1994-1998, elle ne se pose la question de sa responsabilité stratégique et d'un rôle accru à l'extérieur que depuis l'affaire ukrainienne, les attentats de Paris de l'année 2015 et l'afflux de demandeurs d'asile en 2015-2016. La France, pour sa part, réclame sporadiquement une « Europe puissante », mais elle doute d'elle-même, malade masochiste de sa mémoire et de son identité. Elle est vue par les autres Européens comme résistant obstinément aux réformes dites, de façon polémique, « libérales », donc tout simplement à l'assainissement de ses finances publiques, à la limitation de sa dette et à l'élimination des freins à l'embauche. La Russie inquiète toujours les Européens de l'Est, plus encore depuis l'annexion de la Crimée, l'affaire ukrainienne et la démonstration de force de Moscou en Syrie. Ils réclament d'abord la protection active et concrète de l'Otan, que ce soit par temps calme ou dans l'urgence. Les Européens n'ont pas réussi pendant ces années à harmoniser entre eux le droit d'asile ni à élaborer une politique commune de l'immigration cogérée avec les pays de départ et de transit. Le drame syrien et ses conséquences migratoires ont donc fait éclater leurs contradictions.

Néanmoins, ces nuances sont secondaires au regard de la différence profonde qui les distingue des autres peuples, cultures ou civilisations, qui ont été colonisés, qui émergent et estiment que c'est maintenant leur tour, ou le moment, de prendre leur revanche, voire, parfois, de se venger.

L'humiliation reste un des ressorts inépuisables de l'Histoire, en tout cas du côté des humiliés.

Le point de vue des Russes

Pour les Russes, autre monde, la défaite finale de l'URSS en décembre 1991, sa désintégration, a constitué un énorme traumatisme, une humiliation profonde, toujours vivace. L'Ukraine – forte de 50 millions d'habitants – était russe depuis plus longtemps que la Bretagne n'est française ! Et peu importe que la débâcle des années 1980 ait été le résultat d'un échec total, à la fois communiste, soviétique et russe, et non d'un complot extérieur. Le pouvoir d'achat des Russes s'étant effondré de 40 % dans les années 1990, il aurait pu y avoir pire que Poutine ! Après des années incertaines, tout cela a nourri une paranoïa, puis une volonté de revanche nationaliste, slave et orthodoxe de plus en plus explicite lors de son troisième mandat, à partir de 2012. En 2015, plus de 80 % des Russes le soutiennent dans cette réaffirmation anti-occidentale et dans ses provocations, même s'il se contente de « coups » opportunistes (Géorgie, Crimée) et n'est pas, dans le contexte russe, un extrémiste, quoi que ne cessent de répéter les médias occidentaux. La Russie veut retrouver son rang, être respectée, rejouer un rôle de premier plan en Europe et au Moyen-Orient. Le sauvetage du régime de Damas sur le point de s'effondrer fin 2015 a encore accru en Russie la popularité de Vladimir Poutine. L'opinion russe s'exaspérait de ce que les Occidentaux, avant d'être obligés bon gré mal gré de tenir compte à nouveau de la Russie, lui reprochaient de ne pas être devenue après la disparition de l'URSS un banal pays démocratique européen, d'être en quelque sorte… restée trop russe.

Mélange de sentiments qui caractérise la Russie actuelle et qui peut jusqu'à un certain point s'expliquer, mais n'a rien à voir avec notre « communauté internationale ».

Le point de vue des Chinois

Pour les Chinois, les points de repère sont encore différents. Quand, à la fin des années 1970, Deng Xiaoping réussit finalement à faire prévaloir sa ligne contre la maoïste « Bande des Quatre » et libère les énergies de l'immense Chine étouffées par la dictature maoïste – ce qui va littéralement changer le monde –, cela fait déjà quelques années que Nixon et Kissinger ont conclu avec Pékin une alliance *de facto* contre l'URSS.

Les Chinois n'ont pas oublié ce que leur pays a vécu depuis les traités inégaux imposés au XIXe siècle par les puissances colonisatrices et prédatrices (Européens et Russie, avant le Japon) jusqu'à une dynastie impériale affaiblie, pour eux l'un des points les plus bas de l'histoire de leur pays. Ni, au cours du XXe siècle, la guerre civile, l'invasion japonaise, les horreurs de Nankin puis, après la victoire des communistes, le « Grand Bond en avant » et la Révolution culturelle (adulée par certains à Paris !), avec leurs dizaines de millions de morts.

Deng Xiaoping a imposé que la Chine attende son heure avec patience, fasse profil bas et se développe sans provocation, une ligne que poursuivront après lui Jiang Zemin et Hu Jintao qu'il avait choisi comme successeurs. Il fallut attendre l'arrivée au pouvoir de Xi Jinping, en 2013, trente-cinq ans après la révolution de Deng, pour que le monde découvre et s'inquiète d'une Chine sûre d'elle-même, menée par un leader qui revendique sans faux-semblants la nouvelle puissance de son pays, et la sienne, évidente, lors de la parade militaire de septembre 2015.

Pour les dirigeants du parti (encore communiste ?) chinois, d'abord préoccupé par son maintien au pouvoir, la désintégration de l'URSS et la disparition du parti communiste, ossature de l'État, sont dues au réformisme brouillon et imprudent de Gorbatchev, le repoussoir, puis d'Eltsine. La masse chinoise, pour sa part, s'était vu imposer le pacte suivant : vous nous laissez gouverner et nous vous garantissons une croissance de 10 % par an et une amélioration sans précédent de vos conditions de vie. Le pari a été longtemps tenu pendant ce qu'on peut appeler leurs « Vingt Glorieuses », mais la croissance chinoise, plus mûre, plafonne désormais officiellement, au mieux, à un peu moins de 7 %, et baisse tendanciellement vers 4 ou 3 % selon certains analystes ! Mais qu'on ne s'y trompe pas : la crise économique de 2016 est une maturation, un correctif, pas un effondrement. Ce qui ne peut qu'inciter des centaines de milliers d'internautes chinois, comme des centaines de milliers de manifestants spontanés et épisodiques, de revendiquer de plus en plus vigoureusement le respect de leurs droits au moment où le régime se défie de toute fissure dans son contrôle.

En tout cas, ce n'est pas notre « communauté internationale » qui mobilise les Chinois, même si le président Xi Jinping en parle à sa façon – routes de la soie, écologie – et si la Chine a joué un rôle constructif dans la COP21, mais bien la place « retrouvée » de la Chine dans le monde.

Le point de vue des autres

Pendant ce temps-là, face à la puissance chinoise montante, le Japon de Shinzo Abe, qui estime sans doute ne pas pouvoir fonder sa sécurité à long terme sur la seule garantie américaine, se libère progressivement des entraves au renforcement de sa capacité militaire, imposées après 1945 par le protectorat américain de MacArthur. Cette évolution divise l'opinion japonaise, convertie de force en 1945 au pacifisme après Hiroshima et auquel la majeure partie est restée attachée.

*

Chez les émergents, catégorie de plus en plus fourre-tout, ou, plus précisément, pour les émergents émergés au point d'être devenus comparables aux économies développées, c'est l'espoir qui a dominé pendant ces vingt dernières années, d'où l'expression de « Vingt Glorieuses », (comme

Dominique Moïsi l'avait très bien montré en 2008 dans sa *Géopolitique de l'émotion*).

Les fameux BRICS[1] affichent des ambitions collectives et des revendications face à l'Occident, comme en témoignent leurs sommets périodiques, dont celui d'Oufa, en 2015, dans l'Oural, où fut décidée entre autres la création d'une banque spécifique pour les infrastructures et d'un fonds d'investissement afin de contourner les institutions de Bretton Woods dont le Congrès américain bloquait la réforme. Cependant, à l'exception de l'Inde, les économies des plus gros d'entre eux ont commencé à ralentir pour atterrir et muter en économies mûres, voire pour entrer en crise, à l'instar du Brésil. Et, au sein de ce groupe hétérogène, c'est la Chine qui, géopolitiquement, malgré ses difficultés économiques, mène la danse. Le statut de la Russie a été pendant vingt ans plus surnageant qu'émergent, et l'issue du sursaut poutinien est encore incertaine, d'autant que la conjoncture économique 2016 s'annonce sombre pour ce pays touché de surcroît par l'effondrement des prix du pétrole. Excepté donc le cas de la Russie, dans des dizaines d'autres pays émergents, petits ou moyens, c'est plutôt une vision positive de l'avenir qui domine toujours : demain

1. Brésil, Russie, Inde, Chine, South Africa.

ne peut être que meilleur qu'hier. Ils ne conçoivent pas pour autant une « communauté internationale » selon notre définition, car leur passé de colonisés reste présent à leur esprit. Ils évoquent surtout cette idée sur un mode revendicatif : changer les institutions de 1945, devenues obsolètes, obtenir des concessions, des ouvertures de marché, plus d'aide des « pays riches » sans conditionnalités politiques, des compensations. Cela a été une difficulté à surmonter lors de la négociation de Paris-Le Bourget.

Le point de vue du monde musulman

Le monde musulman, notamment arabe, n'a pas du tout vécu ces trois décennies comme l'Occident, ni comme la Russie ou la Chine. Il n'est pas encore émergent, à quelques richissimes et peu peuplés émirats près, situés sur les failles d'une région géopolitiquement volcanique. Il tourne en rond, ressasse ses échecs, invoque des responsabilités extérieures. Les dates importantes auxquelles il se réfère sont moins celles de la guerre froide ou des crises économiques occidentales que les événements qui ont affecté le Moyen-Orient depuis que l'Empire ottoman a été vaincu et dépecé, il y a de cela un siècle, par les puissances « chrétiennes » (telles qu'elles s'assumaient alors), mais également l'emprise française et britannique, puis américaine et, pendant un temps, soviétique ; la création d'Israël et les guerres israélo-arabes ; la question palestinienne toujours pendante ; les variations voulues ou subies du prix du pétrole ; la révolution islamique en Iran en 1979 et les actions prosélytes et déstabilisatrices du régime des ayatollahs ; les interventions occidentales ou internationales dans la région, notamment celles de 1991 et de 2003, même si, d'un point de vue juridique, elles sont totalement différentes. Ce monde est rongé par l'amertume et le ressentiment, frustré, humilié ou soulagé, selon les cas, par l'avortement des « printemps arabes » apparus dans quelques pays et trop vite idéalisés en Occident (la jeunesse, l'aspiration démocratique, les réseaux sociaux, le refus du culturalisme, etc.). Le monde arabe est aussi confronté, au Moyen-Orient, à la résurgence et à l'embrasement du conflit sunnites-chiites, soit, schématiquement, Arabie-Iran. Depuis des années, les pays arabes sunnites ne cessaient de proclamer, Arabie en tête, avoir peur de l'arme nucléaire iranienne et des manœuvres déstabilisatrices de Téhéran. Le roi Abdallah d'Arabie demandait au président des États-Unis de « couper la tête du serpent ». En fait, les Arabes moyen-orientaux redoutaient surtout le retour d'un Iran hégémonique après trente-sept ans d'une éclipse qu'ils n'ont pas su mettre à profit. D'où leur angoisse, après l'accord du 14 juillet 2015 sur le nucléaire iranien, de n'avoir pas pu empêcher Obama, à qui ils reprochent déjà amèrement d'avoir lâché Moubarak, de le conclure. Ils sont de surcroît humiliés par leur impuissance face au rouleau compresseur de la colonisation israélienne et à la victoire du sionisme religieux extrémiste. Il n'y a plus eu en effet, après l'assassinat d'Yitzhak Rabin en novembre 1995, inspiré par des rabbins extrémistes demeurés impunis, de vrai processus de paix – ce qui n'émeut guère les gouvernements arabes, mais scandalise en revanche la « rue arabe », c'est-à-dire le téléspectateur d'Al Jazeera, et est utilisé chaque jour partout dans le monde par les prêcheurs islamistes. De la même façon, ils avaient vécu comme une humiliation et un aveu le mépris d'Israël pour l'initiative de paix arabe présentée en 2002 par le roi Abdallah qui promettait une paix complète avec Israël, avec des garanties, à la condition que soit créé un État palestinien dans les frontières de 1967. Cela n'aurait pas pu être exactement l'accord final, mais c'est une occasion qui aurait dû être saisie en Israël par ceux qui ne refusaient pas totalement un compromis territorial. Occasion tragiquement manquée…

Les dirigeants arabes sont en outre confrontés, comme partout dans le monde où vivent des musulmans, à la guerre sanguinaire et féroce déclenchée par une infime minorité salafiste, fanatique et terroriste, contre tous les « impies » ou mécréants. Même si ce n'était pas le but de l'Arabie, apprentie sorcière, le radicalisme religieux absolu et le nihilisme propre à ce courant s'enracinent dans des décennies de prosélytisme wahhabite dans tout l'Islam, soutenu par d'importants moyens financiers saoudiens et qataris, et se nourrissent de toutes les frustrations locales. Les musulmans sunnites « normaux », ou modernes, sans même parler des laïcs, n'ont pas su, jusqu'à présent, lui faire barrage. Ce courant radical veut imposer sa conception extrémiste de la charia par une violence meurtrière – exerçant sur certains jeunes révoltés, destructurés ou convertis, une fascination morbide, de surcroît exhibée médiatiquement – à l'encontre de tous les autres, à commencer par 99 % des musulmans, apostats à leurs yeux : sunnites à soumettre et chiites à exterminer, sauf s'ils se convertissent, comme devraient le faire les juifs, les yazidis ou les chrétiens, les « Croisés », qui se trouvent sur leur chemin. Il y eut Al-Qaïda. Désormais, il y a Daesh, l'État islamique, et tous ceux qui s'en inspirent. On déplore leur œuvre de mort dans des dizaines de pays, y compris en France en janvier et novembre 2015.

Cet affrontement titanesque, au terme duquel les extrémistes finiront sans doute à la longue par perdre, mais après avoir infligé bien des souffrances, se mêle de façon explosive dans beaucoup de pays arabes comme dans beaucoup de pays d'Afrique, mais en plus âpre, à ce « passé qui ne passe pas » et empoisonne la relation avec l'Occident : la colonisation, la honte ou la fureur d'avoir été colonisables et colonisés, ce qui est l'équivalent en miroir, mais refoulé et tabou, du remords occidental, exhibé, pour sa part, d'avoir colonisé. Puis, après les indépendances, les échecs arabes des dernières décennies (régimes nassérien, socialistes, nationalistes, laïcs, despotiques, libéralisations détournées, familles prédatrices) ont nourri un sentiment cuisant d'échec, avivé par l'impuissance arabe à imposer la création d'un État palestinien, et, enfin, ces dernières années, à faire aboutir positivement les « printemps arabes »[1]. Tout cela peut expliquer la vitalité du « complotisme » dans le monde arabe : tout serait de la faute des autres, des Occidentaux et des Israéliens, de la CIA et du Mossad, qui tirent les ficelles ! Même si cette région a, de fait, été

1. Il faudrait analyser un peu différemment le Maghreb, et nuancer selon les pays.

l'objet depuis des siècles de toutes les croisades et interventions, de tous les découpages de la part des puissances extérieures, ce n'est pas l'explication à tout ! Cela ne justifie pas d'omettre les responsabilités arabes contemporaines et de ne parler d'avenir qu'en termes de revanche, voire de vengeance. Toujours est-il que si une « communauté » est évoquée dans cette région, c'est celle de l'Oumma (communauté islamique). Et quand on y invoque la « communauté internationale », dans notre acception, c'est pour lui faire les reproches que l'on sait.

L'Afrique, elle aussi, a sa propre vision, ou plutôt ses propres visions, car elle est plurielle. Est-elle en plein boom, ou, encore une fois, mal partie ? La France a cru ces dernières années que c'était mal d'avoir eu naguère une politique africaine. Elle a donc cessé d'en avoir une (quand toutes les puissances développaient la leur !). Les Africains ne lui en ont pas été reconnaissants. Ils lui reprochent son incompréhension et son éloignement. Elle a perdu du terrain. À quelles demandes répondre ? Faut-il assumer le passé ? Le réparer ? Se projeter dans l'avenir ? Aucun dirigeant européen n'a osé dire comme Obama, à Accra, au Ghana, que plus de cinquante ans après les indépendances les dirigeants africains ne pouvaient plus s'abriter derrière l'esclavage ou la colonisation pour justifier leurs insuffisances ou leurs échecs.

L'unification linguistique ?

On pourrait objecter à ce tableau contrasté des différences entre nations que l'unification linguistique du monde, évoquée précédemment, paraît inéluctable. Tout porte à le penser : économie de marché, financiarisation, Internet, règne américanophone du Gafa (Google, Amazon, Facebook, Apple), soumission des élites mondiales, qu'on s'en réjouisse ou qu'on s'en afflige, que l'on s'y résigne ou non : tout devrait conduire au triomphe mondial et définitif de l'anglo-américain ou, au moins, du *globish*. Toutes les autres langues, même les plus grandes, seraient à plus ou moins court terme condamnées ou sur la défensive. Cette victoire a été considérée comme acquise par une ou deux générations de dirigeants économiques français mondialisés. Désinvolture des élites françaises à l'égard de la bataille pour la diversité linguistique qui n'a eu de cesse d'étonner et de décevoir les autres pays francophones. Or cette domination universelle du *globish* n'est plus si assurée que cela. Certes, l'anglais est solidement installé comme langue des affaires dans l'économie globale dérégulée, de la science, etc. C'est l'une des conséquences de la puissance américaine du dernier demi-siècle. Mais il est probable que le monde chinois ne basculera pas tout entier dans le *globish*. Il y a déjà des équivalents du Gafa en Chine – par exemple le Google chinois : Baidu, site le plus consulté du pays – qui seront de plus en plus puissants. Le monde arabe résistera aussi. Comme le russe. Plus passivement, mais ils résisteront. Peut-être même la francophonie, mais, hélas, ce ne sera pas d'abord grâce aux Français. L'espagnol gagne du terrain aux États-Unis. D'ici peu, les logiciels d'interprétation simultanée seront extraordinairement performants. On passera peut-être de 6 000 langues à 600, mais quelques autres grandes langues de communication, de culture et de civilisation, demeureront et pas mal de langues moins répandues seront sauvées par le gong technologique. Chacune continue à porter en elle sa vision du monde, son univers particulier, sa puissance identitaire évocatrice, sa part de mémoire et d'humanité.

Les calendriers

N'oublions pas non plus, sur un mode qui n'est pas uniquemement folklorique, que plusieurs cultures ou religions ont gardé, de façon affichée ou souterraine, leur propre calendrier et donc une approche différente de la longue durée. Et même dans la religion chrétienne demeure le clivage catholique romain-orthodoxe : certaines Églises orthodoxes ont adopté le calendrier grégorien, référence qui s'est imposée ; d'autres, dont la Russie, ainsi que les coptes, ont gardé le calendrier julien. Pour les juifs, en 2016, nous sommes en 5776. Pour les musulmans, en 1437. Pour les Perses, en 1395. L'année commence pour eux avec la fête de Norouz, le 21 mars (Newroz pour les Kurdes). Les Chinois n'utilisent le calendrier grégorien que depuis 1912. Depuis le 8 février 2016, ils sont entrés dans l'année du Singe de feu. Les Japonais, depuis 1873. Pour les Tibétains, l'année commence avec la fête du Losar, vers le 20 février. Pour eux, 2015 était l'année 2142, celle du Mouton de bois. Les baha'is, les zoroastriens ont aussi leur propre calendrier, leur propre premier de l'an.

Les esprits forts (selon Flaubert), les « mondialisateurs », se gaussent de tout cela. Peut-être ont-ils tort de juger cela ringard, voué au nivellement mondialisé dans une terre plate (*flat*), voire aussi mort que la religion des Moaï de l'île de Pâques, les calendriers maya ou aztèque et tant de cultures englouties dans les abysses de l'Histoire ou d'avant l'Histoire. En effet, tout cela renvoie à des mémoires enfouies mais non éteintes, à des visions et des attentes profondément différentes, à un monde infiniment fragmenté, les nerfs à vif, souvent humilié, qui semble invisible, mais qui reste vivace. Quoi qu'en pensent ceux qui se croient les hérauts du « Nouvel Ordre mondial » interdépendant, intégré et interconnecté – forcément américain[1] –, ce long mirage se dissipe…

Le kaléidoscope mondial

La « communauté internationale » ne prendra pas corps en annihilant ces identités, ces différences de perception profondément enracinées et ces antagonismes apparemment insurmontables. Ceux-ci découlent de conflits de rivalités territoriales et géopolitiques aux

1. Tel que proclamé par Robert Bartley en 1990 dans le *Wall Street Journal*

causes classiques et multiples, mais, plus profondément, de la façon de concevoir le monde et la vie, si différente selon le moule religieux et culturel. Différences, incompréhensions et peurs symétriques s'alimentent sans fin. Récemment encore, à propos de la crise grecque de juillet 2015 comme du rapport des Européens à l'endettement, n'opposait-on pas en Europe les catholiques ou orthodoxes, dépensiers, aux protestants luthériens, rigoureux ? Dès que l'on évoque les Balkans, les lignes de fracture historiques et religieuses séparant les orthodoxes, les chrétiens et les musulmans resurgissent. À propos de l'accueil en masse des réfugiés, l'opposition a été flagrante entre l'Europe de l'Ouest, qui a laissé se créer des sociétés multiculturelles (en clair : en partie musulmanes) et qui s'y est résignée, ou qui s'y adapte tant bien que mal, et l'Europe de l'Est, qui, jugeant que c'est un échec, s'y refuse viscéralement.

Ces différences sont légion au sein même des catholiques, selon qu'ils soient européens, américains, africains, asiatiques, ou latino-américains. On l'a vu avec le synode de l'Église sur la famille en octobre 2015 : au départ 7 des 13 groupes d'évêques (par langues) étaient pour le statu quo sur la famille, notamment les Africains. Alors que les plus favorables à encourager une évolution du dogme et des pratiques étaient européens, les italophones, les hispanophones et les germanophones. On le constate aussi chez les protestants : certains, les évangélistes, sont plus prosélytes que jamais, d'autres non. Entre orthodoxes russes, grecs ou autres, les différences sont moins visibles. Entre musulmans, elles sont redevenues à vif, on l'a dit, que ce soit par exemple entre les sunnites saoudiens et les chiites perses, mais aussi entre les sunnites eux-mêmes – arabes, turcs ou asiatiques –, et surtout entre les salafistes et tous les autres. C'est en effet entre les extrémistes et les modérés des religions du Livre, en l'occurrence en ce moment essentiellement les musulmans, que l'opposition se manifeste de la manière la plus violente et la plus sanglante. Mais un hiatus existe également entre juifs orthodoxes, juifs modérés ou laïcs (qui s'affrontent vivement en Israël pour le contrôle du contenu de l'enseignement, et son financement), mais aussi entre bouddhistes de diverses écoles (dont certaines, violentes, en Birmanie), hindouistes, shintoïstes, taoïstes, sans oublier les athées, etc. Ces évidences troublent ceux, très nombreux en France, pour qui cet « essentialisme » persistant remet en cause des convictions humanistes abstraites sur l'homme universel, dont l'éternelle proclamation de la supériorité de l'acquis sur l'inné. Pour tous ceux-là, le dépassement du fait religieux par le progrès, la modernité des mœurs, l'individualisme ou le marché était considéré comme acquis, ainsi que les marxistes l'avaient prétendu, pour d'autres raisons. Beaucoup d'Arabes maghrébins, formés à la française, comme le grand romancier algérien Boualem Sansal qui l'exprime très bien, y avaient cru.

Cette mise en évidence du lien entre religion et identité avait été reprochée, à tort à mon sens, à Samuel Huntington. Ce retour du religieux, notamment, au sein de l'Islam, est redouté en France ces dernières années, d'où l'usage répétitif par des autorités inquiètes d'un sermon laïc et républicain revendiquant le « vivre-ensemble » contre la « stigmatisation » (confondue avec le simple fait de nommer un chat un chat), agitant d'autres mantras au nom d'une « République » de moins en moins clairement définie.

Les Français se sont déchristianisés si massivement et si rapidement (ils sont passés de plus de 75 % de pratiquants à près de 5 % en deux générations), ils ont, dans leur majorité, une conception tellement absolue de la laïcité qu'ils en sont venus à sous-estimer, voire à être dans l'impossibilité de voir les ressorts religieux d'un certain nombre de phénomènes mondiaux, pourtant évidents, et même aussi, je l'ai rappelé, de se souvenir de leurs propres racines. D'où le long aveuglement, en particulier sur le terrorisme islamiste, dénié par des formules du type : « Ça n'a rien à voir avec l'islam, c'est un problème social », qui ne sont plus audibles après 2015, mais qui furent longtemps brandies comme un interdit. Finalement, il était impossible de critiquer l'islam, voire de penser à son sujet, donc d'aider ses réformateurs.

*

Une certaine unité du monde par interdépendance finira peut-être par s'imposer un jour. En attendant, le monde est un kaléidoscope. Au hasard, parmi mille autres choix, imaginons un instant les conceptions d'un nationaliste japonais, hindou ou américain ; d'un élu du Middle West ; d'un social-démocrate danois ; d'une paysanne péruvienne, nigériane ou auvergnate ; d'un professeur russe ; d'un évêque orthodoxe serbe ; d'une femme d'affaires de Shanghai ou de Casablanca ; d'un islamiste pakistanais, turc ou arabe ; d'un ingénieur iranien ou brésilien ; d'un commerçant ivoirien ; d'un SDF d'Europe de l'Est ; d'une animatrice française d'ONG ; d'un réfugié syrien ; d'un militaire slovaque ; d'un chômeur marseillais ; d'un geek californien, etc. Myriade sans fin de visions du monde qui pourraient donner le tournis.

3

La communauté internationale peut-elle naître d'une grande rupture ?

Malgré ces innombrables différences, éclatantes et tenaces, ne pourrait-on pas imaginer dans les années à venir de franches ruptures dans la marche du monde, une redistribution des cartes, le surgissement de chocs créateurs qui rapprocheraient les mentalités opposées et favoriseraient la naissance d'une vraie « communauté internationale », pas uniquement économique, mais vivante dans les esprits ?

Examinons cette hypothèse.

En premier lieu, celle d'un vrai « gouvernement mondial » qu'évoquent quelques utopistes. C'est confondre l'œuf et la poule : qui créerait ce gouvernement mondial ? Pour avoir un gouvernement mondial, il faudrait un accord mondial ! Et le « monde », c'est qui ?

Il y a quelques années, je m'étais amusé à calculer qu'en cas d'élections mondiales, compte tenu de la loi des grands nombres, ce serait sans doute une Chinoise de Californie qui arriverait en tête. Ou alors un musulman sunnite. Ou encore, aujourd'hui, le pape François ! Plus sérieusement, peut-on imaginer un accord entre les États-Unis, l'Europe, la Russie, la Chine et les autres pays émergents pour former un « gouvernement mondial » ? C'est déjà ce que l'on attendait du G20, en 2008, quand, de simple réunion ministérielle, il fut transformé en « sommet ». Ce gouvernement mondial serait alors une sorte de G20 renforcé dont les membres auraient à se mettre d'accord sur plusieurs questions essentielles, et qui prendrait les décisions nécessaires. Par exemple, élargir le Conseil de sécurité pour lui conférer une nouvelle légitimité. Le droit de veto y serait maintenu pour les membres permanents, car personne ne pourrait l'abolir, et aucun ne l'abandonnerait, mais il serait encadré par une stricte autodiscipline. Ce G20 renforcé pourrait suivre aussi la mise en œuvre des engagements pris à la COP21, en décembre 2015 à Paris, inciterait à la réduction drastique de la consommation d'énergie fossile, à l'efficacité d'une sobriété énergétique, à la rentabilisation des énergies renouvelables, etc.

On peut aussi penser au contrôle de la sécurité nucléaire, tant qu'il sera nécessaire de maintenir cette énergie et cette stratégie ; à un coup d'arrêt à l'effondrement de la biodiversité par des politiques beaucoup plus énergiques ; à des politiques sectorielles d'écologisation. On peut imaginer également un encadrement mondial des mouvements migratoires, canalisés et organisés sur la base de principes universels, négociés au sein de vastes ensembles démographiquement interdépendants. Mais aussi la mise en place d'un droit d'asile mondial, et par région, dans l'urgence ou la durée. Etc.

Mais n'est-ce pas déjà ce qu'on avait, en 1945, attendu des Nations unies, de toutes leurs institutions spécialisées, et donc du « système multilatéral » qui a beaucoup déçu, car chargé de trop d'espérances ? Depuis 2008, on a vu également que le G20 n'avait pas évolué dans ce sens, au contraire. Il s'est étiolé. Qui trop embrasse mal étreint ! Donc retour au point de départ : pas de gouvernement mondial sans communauté internationale.

*

De toute façon, revenons-en à la réalité : sans même parler de la Chine, de l'Inde, de la Russie ou d'autres, les Américains n'accepteraient jamais un gouvernement mondial qui ne serait pas américain ou contrôlé par eux ; ils ne peuvent imaginer que ce ne soit pas les États-Unis qui redessinent et conduisent le monde, comme c'est le cas depuis soixante-dix ans, grâce aujourd'hui à la prodigieuse créativité des industries numériques (Gafa[1]), au dynamisme économique américain, à leur confiance en eux, à leur défense, à leur (scandaleux) unilatéralisme judiciaire et pénal mondial, instrument de chantage légal et, conjoncturellement, en profitant du tassement des émergents. Quelques Américains plus inventifs imaginent que les États-Unis pourraient bâtir une coalition avec certains émergents, qui permettrait de contenir les ambitions de la Chine. C'est une partie de l'intelligente stratégie asiatique de Barack Obama, qui vient d'obtenir un remarquable résultat avec la signature, le 4 février 2016, de l'accord TPP entre douze pays du Pacifique et qui sera poursuivi après lui. Mais cela n'a rien à voir avec une « communauté internationale » à l'européenne ! Les États-Unis continuent à se penser exceptionnels. Obama lui-même fut sans nuances devant le Congrès, le 12 janvier 2016, lors de son dernier message sur l'état de l'Union : « Les États-Unis sont la nation la plus puissante du monde. Point final. »

1. Voir p. 51.

*

Certains Européens, en général des Français, ont aussi rêvé, dès l'après-guerre ou dans la foulée de la relance des années 1980-1990, que l'« Europe », enfin sortie de la léthargie stratégique qui lui sert de cocon depuis 1945, se métamorphose en une vraie puissance, devienne le pôle le plus influent et le plus efficacement régulateur du monde multipolaire pour le social, l'écologie et les libertés, voire construise une « Europe de la Défense », inversant ainsi une tendance vieille de soixante-dix ans. Sans même évoquer l'explosion des divergences entre Européens sous l'effet des chocs de 2015 et 2016, cela supposerait que ceux-ci prennent à nouveau en charge au sein de l'Alliance atlantique une part importante de la défense de leur continent et augmentent en conséquence les budgets militaires, ce à quoi aucun d'entre eux n'est disposé.

Il faudrait également qu'un partage efficace, stable et démocratiquement acceptable entre les souverainetés nationales et l'exécutif européen soit trouvé, dans l'esprit de la politique de subsidiarité de Jean-Claude Juncker, au sein de la confédération à 28 et de la fédération d'États-nations à 19 (zone euro), pour y exercer en commun la « souveraineté ». Effectuée plus tôt, cette clarification aurait peut-être rendu superflu le référendum britannique. Ce scénario supposerait une pause dans l'intégration, sauf exception justifiée (exemple : refaire un Schengen crédible). Une fois l'élargissement à quelques pays des Balkans occidentaux réalisé, le poste de « commissaire à l'élargissement » serait supprimé.

Les europhobes demeureraient hostiles, mais deviendraient minoritaires et seraient affaiblis, car les eurosceptiques et euro-allergiques pourraient eux-mêmes accepter ce compromis et redevenir disponibles. Jean-Claude Juncker l'a compris, qui, passant outre les critiques de certains européistes dogmatiques qui lui reprochent ce « manque d'ambition », a abandonné quelques directives inutiles outrancières ou exaspérantes. Il a, ce faisant, démontré qu'il avait saisi l'origine de la désaffection des Européens pour une construction européenne inutilement intrusive et mesuré le risque mortel du fossé élites-populations.

Ce scénario (pause, mise à plat, renforcement limité) permettrait à l'Europe, à Schengen et à la zone euro de sortir de la nasse où elles se débattent, mais ne créerait pas pour autant un sentiment d'appartenance mondiale, ni de communauté. De surcroît, ces clarifications européennes drastiques restent malheureusement improbables, car on ne voit pas qui en prendrait l'initiative.

*

Venons-en à la Russie et à un scénario qui la conduirait à être partie prenante d'un consensus mondial. Soyons conscient que, d'ici là, en fait, elle peut encore s'en éloigner. La stagnation économique, l'incapacité persistante à créer une économie moderne à partir des seuls hydrocarbures, dont le prix s'est effondré, la baisse du rouble, les sanctions occidentales (du fait de la Crimée et de l'Ukraine), si elles étaient durablement reconduites, pourraient entraîner une crise que ni le nationalisme slave, ni l'Église orthodoxe, ni Vladimir Poutine ne pourraient plus escamoter ou contenir. La Russie entrerait dans une longue période de troubles. Ses partenaires finiraient d'abandonner une Union eurasiatique moribonde. Les minorités russes ou russophones des pays limitrophes perdraient l'appui de Moscou et donc leur pouvoir de gel des conflits locaux. L'Otan en profiterait peut-être (à tort !) pour s'étendre à nouveau, mais les Occidentaux se diviseraient sans doute sur la marche à suivre entre Américains et Européens, puis entre Européens. La Chine consoliderait ses positions en Sibérie. Les 20 millions de musulmans russes, sunnites risqueraient de s'autonomiser. La Russie s'enfermerait dans un nationalisme slave, écorché vif et sans issue. Un ultranationaliste finirait par écarter Poutine et menacer les voisins, contribuant à l'isoler plus encore.

Cette spirale catastrophique – qu'on appelle aujourd'hui en économie un « cygne noir » –, et qui nous éloignerait encore plus d'une « communauté internationale » incluant la Russie est néanmoins improbable dans cette forme extrême.

La Russie peut en effet, à l'inverse, se redresser petit à petit. Fort de son large soutien populaire, nationaliste slave et orthodoxe, de son alliance avec les BRICS, après avoir jugulé les extrémistes en Ukraine et en Russie, entamé la remise à niveau de l'armée russe et ramené son pays dans le jeu international, en Europe et au Moyen-Orient, via son réengagement en Syrie, Vladimir Poutine pourrait vouloir être un élément constructif des équilibres mondiaux de demain. D'ailleurs, après avoir crié au loup, les Occidentaux ont dû s'y faire et négocier avec lui, habitude quasi abandonnée depuis la fin de la guerre froide. Cependant, ce retour obligé au réalisme est loin de suffire à créer une communauté de vision, car le passé reste obsédant, les objectifs discordants et le chemin très long…

*

Envisageons maintenant le cas de la Chine. Il est bien sûr possible, comme certains en sont persuadés depuis vingt ans, qu'elle s'impose inexorablement comme une nouvelle puissance hégémonique en Asie et dans le monde, sans avoir à combattre, car trop de pays dépendent de son marché, de ses investissements, de sa bienveillance. Ses nouvelles routes de la soie, terrestres, ferroviaires et maritimes, vont structurer l'Eurasie. Sa force croissante intimide et elle pousse ses pions, comme au jeu de go. Dans cette hypothèse, la maîtrise mondiale de la haute mer par la puissance maritime américaine, établie après la victoire de 1945, garante de la liberté des mers, se heurtera progressivement au contrôle dissuasif, par la marine et l'aviation chinoises, des mers de Chine, puis d'Asie. Hormis les États-Unis, pour lesquels ce serait intolérable, les autres puissances, Japon, Inde et Russie en tête, pourraient se résigner à ce nouvel état de fait. La Chine s'affirmerait de plus en plus comme le leader des BRICS élargis à l'Indonésie, à l'Iran, à d'autres encore. La Chine, qui impressionnait, faisait peur, finirait par séduire. La relation entre la Chine et les États-Unis, mélange de partenariat, de rivalités stratégiques (océans, accords commerciaux), resterait essentielle, sans contrecarrer cette progressive ascension chinoise, sauf affrontement direct qu'on ne peut jamais exclure, malgré un dialogue stratégique bilatéral croissant. Le pouvoir chinois lâcherait un peu de lest sur les droits des individus et les élections locales tout en maintenant un strict contrôle politique sur la société. La contestation croissante du pouvoir sur Internet, judiciairement ou par des manifestations, et le mécontentement seraient étroitement contenus… pour un certain temps. C'est un scénario possible. Les Européens, engagés depuis longtemps dans une course à l'échalote pour le marché chinois, ne pourraient bien sûr que s'adapter à cette nouvelle donne. Cette évolution ne nous rapprocherait évidemment pas d'une communauté internationale telle que nous l'entendons…

Il se peut aussi que la Chine, dans l'obligation d'assurer l'atterrissage de son économie, le passage de l'émergence à la maturité, tout en se dotant d'une force armée moderne, elle qui a été dirigée de façon exceptionnellement rationnelle depuis Deng, devienne plus coopérative, accepte une sorte de système de sécurité collective en Asie (Chine, États-Unis, Japon, Russie) tout en s'engageant, à la suite de la COP21, pour des raisons plus internes que multilatérales, dans une vraie révolution écologique. Plus proche d'un réalisme diplomatique rationnel et classique, cette évolution ne conduirait pas encore la Chine vers une « communauté de valeurs » avec le reste du monde.

*

Mais venons-en au principal défi actuel en Eurasie et en Afrique : l'affrontement mondial au sein de l'Islam entre le 1 % terroriste, au maximum, (impossible à calculer, mais c'est pour souligner que c'est un pourcentage infime) et les autres. Plusieurs scénarios sont possibles. À cheval sur la Syrie et l'Irak, l'État islamique peut s'enkyster, malgré la coalition occidentalo-sunnite et la coalition russo-iranienne, toutes deux plus ou moins convergentes et qui lui ont fait perdre du terrain depuis 2015. L'organisation terroriste peut toujours essayer de déstabiliser une partie du Liban, de la Jordanie, et le nord-ouest de la péninsule arabique. Des entités associées se sont implantées et tentent de s'enraciner au Yémen – d'où la guerre qui fait rage – au Sinaï, en Libye, au Sahel, autour du lac Tchad. Comme elles l'auraient fait au Mali, jusqu'à Bamako, si la France ne s'était pas mise en travers, à la demande et au soulagement des Africains et avec l'accord du Conseil de sécurité.

Dans l'hypothèse, la pire, celle où Daesh durerait et s'enracinerait, on ne peut exclure que des États sunnites, faibles ou inquiets, voire d'autres États, finissent par se résigner à traiter avec lui, d'autant que la Turquie restera toujours moins mobilisée contre lui que contre les Kurdes, à l'instar de l'Arabie contre l'Iran, etc. Même renforcé internationalement par l'accord de juillet 2015, l'Iran ne peut empêcher à lui seul cet enracinement de Daesh en Irak (sauf à Bagdad et dans le Sud irakien chiite qu'il protège). Il continue probablement à défendre et à utiliser à ses propres fins les chiites (Alaouites) de Syrie, du Liban (Hezbollah), du Yémen (houthistes) et de Bahreïn. L'influence du « califat », s'il dure, se fait sentir aussi en Turquie et chez les 20 millions de musulmans d'Europe. Le statu quo qui s'enkyste pose alors aux voisins de Daesh, mais aussi à l'Occident, à la Russie, à la Chine, etc. un épouvantable dilemme, comparable à ceux qui le paralysèrent durant les premières années du régime bolchevique et du communisme chinois : que faire avec cette entité, si elle n'a pas été éradiquée ? Faut-il traiter avec elle ?

Ce cauchemar est très peu probable, mais il n'est pas totalement impensable.

À l'inverse, il est possible que Daesh soit non seulement stoppé et affaibli, mais éradiqué, région après région – Syrie, Irak, nord-est du Nigeria, Sinaï, Libye, etc. –, et définitivement vaincu. Cela supposerait que les djihadistes aient été contenus, assiégés, neutralisés, asphyxiés, puis détruits par des coalitions arabo-occidentale-irano-russo-africaines à géométrie variable, mais déterminées et coordonnées, avec des objectifs politiques clairs et conçus au cas par cas (Syrie, Irak, Yémen, Libye, etc.). Ce scénario est apparu envisageable à la fin de 2015, quand a été évoquée une possible « grande coalition ». Elle ne s'est pas concrétisée depuis, et l'affrontement Arabie-Iran a repris des formes aiguës. Néanmoins, chacun conserve ses propres raisons de réduire à néant Daesh. Cela ne sera possible que si, dans chaque cas, des solutions politiques de remplacement sont trouvées. Et, au-delà du Moyen-Orient, où une place devra être redonnée aux sunnites là où ils ont été marginalisés, cela suppose qu'une vaste, courageuse et efficace contre-offensive théologique et politique sunnite ait réussi à supplanter, partout dans le monde musulman, dans les mosquées, les écoles et sur Internet, dans le monde arabe, mais aussi en Asie, en Afrique, en Europe, l'endoctrinement wahhabite et salafiste qui circule sans entraves depuis des décennies et qui a alimenté et légitimé sans contre-feux un islamisme primaire, inculte et, à l'occasion, meurtrier. Dans ce schéma, l'Arabie serait contrainte, pour sortir du guêpier, car menacée par Frankenstein-Daesh, de clarifier son attitude envers l'islamisme, à l'instar de la Turquie, ce qui redonnerait à l'Égypte du maréchal Sissi un rôle de premier plan.

Il y a eu au XIXe et au XXe siècle, dans l'Islam, de puissants mouvements modernistes presque entièrement effacés par la régression contemporaine. Le scénario optimiste est-il viable malgré ce phénomène ? Et la violence de l'affrontement entre sunnites et chiites résorbable ?

*

Il y a près de quarante ans, en 1979, Zbigniew Brzezinski avait inventé l'expression « arc de crise » pour qualifier l'ensemble des pays musulmans de langue turque et iranienne qui s'étend du Bosphore à l'Indus. Vision prémonitoire… mais incomplète, car il faut étendre ce concept, pour une durée imprévisible, au monde arabe sunnite, notamment au Moyen-Orient et à une partie de l'Islam africain.

Combien de temps faudra-t-il encore pour qu'un islam sunnite moderne, c'est-à-dire compatible avec le monde moderne, triomphe de l'obscurantisme, résorbe ses fous de Dieu et que le terrorisme qui est son bras armé s'éteigne ? Certains réformateurs de l'islam, souvent maghrébins, évoquent deux générations, l'actuelle, intoxiquée par des décennies de wahhabisme et de salafisme insidieux, serait perdue... À cet égard, la campagne lancée par le régime iranien, relayée par les Français bien-pensants, contre l'« islamophobie » peut avoir des effets négatifs, car ce concept ambivalent peut aussi être utilisé contre les réformateurs musulmans qui osent s'en prendre à l'islamisme, tel l'écrivain Kamel Daoud. Il faudrait distinguer, comme le fait Boualem Sansal, la stigmatisation des musulmans en général, qu'il faut bien sûr combattre, et la critique de l'islam – aussi légitime que celle des autres religions –, admettre le nécessaire combat contre l'islamisme, et donc ne pas combattre l'« islamismophobie »...

Mais ce n'est pas tout. Encore faudrait-il qu'une sorte de traité de Westphalie[1], entre chiites et sunnites, actant le renoncement aux déstabilisations symétriques et la neutralisation des extrémistes djihadistes de chaque bord, soit conclue à la longue

1. Conçus par Richelieu puis par Mazarin, et conclus en 1648, les traités de Westphalie mirent fin à la guerre de Trente ans en Europe entre catholiques et protestants.

entre, d'une part l'Iran (et l'Irak, la Syrie ?), et l'Arabie, les émirats, la Turquie et l'Égypte qui cesseraient de s'affronter par Yéménites, Syriens, Libanais ou autres interposés. Cela remplacerait les centenaires accords Sykes-Picot et les dispositions de la conférence de San Remo. Tout cela n'est pas impensable… mais à long terme, après bien des drames, et par épuisement, car, pour le moment, aucune puissance ne peut l'imposer.

*

Longtemps angle mort dans la réflexion des puissances contemporaines, l'Afrique se trouve aujourd'hui au cœur des interrogations sur l'avenir. Va-t-elle contribuer à l'émergence d'une « communauté internationale », elle qui l'appelait plutôt à son secours ? On tend maintenant à nuancer et à différencier les interrogations sur l'Afrique : cela n'a aucun sens, on l'a vu, de parler d'Afrique en général. Pour le moment, au-delà des pays riches de leur sous-sol, avec ce que cette dépendance a de dangereux (Angola, Gabon), seuls quelques grands pays africains, Afrique du Sud, Nigeria, la bande côtière du golfe de Guinée ou l'Afrique de l'Est, entraînent le développement de leur région. Scénario positif : les classes moyennes augmentent. La grande corruption a tendance à reculer. Les États se consolident cahin-caha. Élections après élections, la gouvernance s'améliore. La preuve : cela devient impossible pour un président élu de rester au pouvoir au-delà de son mandat sans être obligé de changer au préalable la Constitution. C'est un progrès ! On peut espérer aussi que les guerres résiduelles (Sahel, Grands Lacs, Soudan) se raréfient et que la dictature érythréenne finisse par disparaître. Ce scénario afro-optimiste est possible, mais il ne pourra sans doute pas éviter de fortes disparités, de nombreuses étapes et sans doute d'autres drames. Il faudra être patient.

*

Alors ? Certains des éléments de tous ces scénarios, distingués pour la nécessité de l'analyse, sont d'ores et déjà à l'œuvre, enchevêtrés, masqués par la confusion du quotidien et des événements imprévisibles. On peut en imaginer bien d'autres. Aucune des hypothèses extrêmes envisagées ici n'est entièrement plausible. Un scénario simple dans lequel une puissance (États-Unis) ou un groupe de puissances (les Occidentaux, les émergents) reprendrait ou prendrait le contrôle de l'ensemble du système géopolitique mondial est exclu. De même qu'un accord soudain Russie-Occident, ou Chine-Occident, ou émergents-Occident. Conclusion : nous allons devoir vivre durablement dans un système mondial chaotique, en permanence instable, alternant, selon les régions, des moments provisoires de stabilité avec de brusques modifications des rapports de forces (en Asie, au Moyen-Orient, en Afrique). La « communauté internationale » restant un horizon lointain…

Barack Obama a eu raison d'en appeler à la « patience stratégique ».

*

Certains analystes comparent notre époque aux périodes intermédiaires de l'histoire égyptienne ou aux Royaumes combattants de Chine ! Si c'était vrai, ce serait inquiétant, car ce fut long… de quelques décennies à des siècles entiers ! Mais comparaison n'est pas raison. Quoi qu'il en soit, cela nous interdit toute approche naïve ou angélique et rend difficile toute prévision. Les décideurs politiques et économiques continueront d'évoquer de grands principes et de vastes perspectives, de communiquer, de tweeter, tout en naviguant à vue, l'œil sur le sondage, la primaire, le Congrès, l'élection, les cours de la Bourse, le résultat trimestriel, les médias. Inexorablement, le contrôle de l'Occident sur l'évolution, les conceptions, les initiatives, les positions du reste du monde aura tendance à décliner, même si, en apparence, le monde vivra de plus en plus « à l'occidentale ».

L'influence de l'Occident dans la synthèse syncrétiste, qui fondera demain la future communauté internationale et donnera peut-être naissance à une nouvelle charte, dépendra de sa lucidité et de son intelligence stratégique, c'est-à-dire de la maîtrise de sa force et de l'intelligence des relations stratégiques qu'il nouera – ou non – avec le reste du monde.

4

Vers la communauté internationale : de la géopolitique à la géo-écologie

Bien que prématurément proclamée à son de trompes, la véritable « communauté internationale », celle dans laquelle tous les êtres humains se reconnaîtront pour former peut-être un jour une seule et vaste « humanité » solidaire, n'est donc pas encore une réalité vécue, loin de là ! Les engagements à répétition pris par les participants lors des grands sommets internationaux, parfois sincèrement (le dernier en date, au Bourget, en décembre 2015), mais trop souvent sur la base d'un consensus factice et de postures à usage interne, le rappel incantatoire de la Charte des Nations unies, l'invocation du droit international durant plusieurs décennies sont en effet loin d'avoir réduit les peurs et harmonisé les mentalités antagonistes des peuples et des nations. Les remontrances, paternalistes ou virulentes, des Occidentaux adressées à tous les « autres », leurs rappels incessants au respect des « valeurs universelles » ne seront pas non plus suffisants. En effet, cette prétention reste plombée par la façon dont les valeurs des Lumières – immense acquis s'il en est ! – ont été propagées et imposées aux trois quarts de l'humanité (lesquels ont la mémoire longue) durant les XVIIIe, XIXe siècles et au début du XXe par des Européens mus par une volonté colonisatrice et « civilisatrice » jusqu'alors inédite. Les autres peuples aspirent sans doute aussi à vivre de façon moderne, et « à l'occidentale », mais plus sous la férule des Occidentaux. La démocratie et le respect des droits de l'homme progresseront à l'avenir moins du fait des injonctions et ingérences occidentales que de la dynamique interne à chaque société.

À défaut peut-on néanmoins imaginer que l'interdépendance généralisée au sein de l'économie globale de marché, ouverte et dérégulée, entraîne la convergence des grands ensembles géopolitiques, Russie, Chine, monde arabe, Afrique, etc., avec l'Occident ? Ces dernières décennies, beaucoup ont cru aux vertus homogénéisatrices de cette « mondialisation heureuse », prétendument capable de dissoudre des identités présumées néfastes au sein d'une gigantesque classe moyenne mondiale au mode de vie standardisé et aux aspirations semblables. Il faut bien constater que cela ne s'est pas produit car, outre que la financiarisation-casino a eu des conséquences économiquement dangereuses et socialement et écologiquement désastreuses, cette forme d'économie n'est plus automatiquement créatrice d'emplois. Il se peut même qu'elle en détruise (numérisation, robotisation) ! Résultat : elle a suscité autant de résistances sociales et identitaires qu'elle a permis l'ouverture de nouveaux marchés et de liens inédits entre les 7 milliards de Terriens, dont une grande partie connectée, sans que cela crée, comme par enchantement, un sentiment de communauté entre eux ! Les colossales forces de mondialisation, supposées harmonisatrices, se sont révélées perturbantes, voire brutales, pour les individus qui ne sont pas uniquement des consommateurs. Elles ont réveillé une appréhension et une forte demande de protection parmi les populations qui éprouvent de plus en plus le besoin de se raccrocher à leur identité culturelle ou religieuse. Après avoir longtemps nié ces réactions, pourtant prévisibles, les élites mondialisées, notamment françaises, s'en effraient désormais. Ces formes de rejet s'observent pourtant dans le monde entier. Il suffit de voir le refus viscéral de la modernité dans une partie de l'Islam, mais aussi certaines forces à l'œuvre en Inde ; de prendre la mesure de la résurgence de l'antagonisme entre l'Occident et le monde russe, au-delà de la polarisation sur la personne de Poutine ; comme de voir les tensions entre la Chine et le Japon, ou encore dans plusieurs parties de l'Afrique. Sans oublier la crispation spectaculaire d'une partie de l'électorat américain ! Ces forces universelles ont montré aujourd'hui leur ambivalence. C'est devenu encore plus visible sous les coups de boutoir de la crise de 2008, particulièrement en Europe. Et c'est encore plus vrai en 2016, quand celle-ci est confrontée à de telles pressions migratoires que l'édifice européen, déjà miné par le gouffre entre les petites élites intégrationnistes et les populations, est menacé tout entier, comme le montre la résurgence inattendue des divergences liées au modèle multiculturaliste entre l'Europe de l'Ouest et l'Europe de l'Est…

2016, année de tous les dangers pour l'Union européenne.

Homo predator

Par élimination, on en arrive donc à la conclusion que seule la nécessité, vitale à proprement parler, de garder la Terre habitable, pourrait et devrait concerner tous les êtres humains, et ce quelles que soient leur situation et leurs croyances. Garder la terre habitable n'est pas « sauver la planète », comme on le dit en langage « com ». La planète Terre, comme Mars ou Vénus, serait toujours là si la vie, apparue il y a quatre milliards et demi d'années, disparaissait. Plus dramatiquement, c'est de l'« habitabilité » de la biosphère pour tous ses habitants, en étendant ce concept à tous les êtres vivants, qu'il est question.

Or, il y a longtemps que les scientifiques, unanimes sur ce point, nous alertent : il faudrait plusieurs planètes pour permettre à dix milliards d'êtres humains de vivre « à l'occidentale », c'est-à-dire en consommant autant de ressources non renouvelables, en produisant autant de déchets et en asphyxiant les mécanismes naturels. C'est donc impossible.

Mais quel pourcentage d'êtres humains en est conscient et vraiment prêt à en tirer les conséquences ? Y compris chez nous, en France, après avoir fait adopter par la COP21 la déclaration de Paris-Le Bourget, dont le véritable objectif est de retrouver un jour l'« équilibre carbone » entre les émissions naturelles ou artificielles de gaz à effet de serre et leur absorption par les océans ou la végétation continentale ?

En fait, la croyance dans les ressources infinies du progrès technique reste si enracinée que les mises en garde les plus graves sont encore jugées alarmistes. Le lien vital entre la nature et nous, lien commun à tous les êtres vivants, n'est pas réellement admis par les êtres humains qui se croient à part, différents, même quand ils ne sont pas créationnistes ! Nous sommes bel et bien schizophrènes devant cette interdépendance organique. Et, tant que ce sera le cas, l'humanité, éternellement divisée en antagonismes insurmontables et récurrents, poursuivra sa course folle. Les géologues débattent encore entre eux sur le fait de savoir si nous sommes toujours dans l'ère de l'holocène ou déjà entrés dans l'anthropocène[1]. Celle-ci aurait-elle été mise en œuvre, inconsciemment, par un *Homo* très peu *sapiens* apparu il y a deux cent

1. Terme forgé en 2000 par Paul Crutzen, Prix Nobel de chimie en 1995, pour caractériser l'époque de l'histoire de la Terre où les activités humaines ont un impact dominant sur l'écosystème.

mille ans[1], voire avec l'invention du feu par ses prédécesseurs, il y a de cela cinq cent mille ans, ou bien après, avec les révolutions cognitive[2], néolithique, puis industrielle ? Les avis diffèrent, mais, quelles que soient les classifications géopolitiques, l'évidence est là : sans céder au catastrophisme, si on extrapole toutes les courbes du développement délétère contemporain, croisées avec celles de la démographie, il est impossible de nier que la vie sur terre puisse un jour devenir quasi impossible.

Mais ce risque n'est pas encore admis par tous, pour de multiples raisons.

La première est qu'il n'y a pas encore très longtemps, pour la grande majorité des élites occidentales, façonnées depuis le XVIIIe siècle par la religion du progrès, la question « écologique » ne se posait pas, ou bien était considérée comme marginale, folklorique, voire comme une imposture. La défense de la nature ? Une gentille utopie. Du romantisme rousseauiste. D'autant que, depuis le XVIIIe siècle, les sciences et la culture (les humanités) ont été complétement séparées. Les scientifiques ne sont pas devenus incultes, bien au contraire, mais l'ignorance scientifique des littéraires, des

---

1. *Sapiens* (sage) ? Non, plutôt *Homo predator*. Edgar Morin a même écrit : *Homo sapiens demens*.

2. Il y a soixante-dix mille ans, selon Yuval Noah Harari.

juristes, des politiques et même des économistes n'a cessé d'empirer. Les édiles se sont préoccupés d'hygiène ou de santé publique, mais dans le seul cadre du « progrès ». Et jusqu'à présent, pour le plus grand nombre parmi les élites classiques politiques, littéraires ou juridiques, aujourd'hui largement technocratiques ou économiques, ces questions n'ont tout simplement pas compté et ne comptent toujours pas. L'idéologie productiviste (celle des ingénieurs, des technocrates et de la classe ouvrière d'autrefois, et, depuis 1945, de la classe politique et des électeurs) a toujours jugé dérisoire de se préoccuper de petits oiseaux, de hérissons ou d'insectes.

Mais voilà que le temps s'est accéléré. Chaque jour, des preuves incontestables et inquiétantes se sont accumulées, depuis le cri d'alarme lancé par le Club de Rome sur les limites de la croissance, il y a de cela quarante-trois ans ! Certes, celui-ci s'est trompé sur quelques rares points (par exemple, le manque de cuivre qui aurait empêché que le téléphone – fixe – équipe le monde entier), mais cela ne diminue en rien la justesse de sa mise en garde précoce sur le hiatus, à terme insupportable, entre populations et besoins croissants d'un côté, et ressources et espaces limités de l'autre. Cette mise en garde prémonitoire fut jugée malthusienne, et aussitôt oubliée. Preuve en est : le sommet de Rio, premier sommet de l'ONU consacré à ces questions, et qui fut l'un des derniers grands sommets onusiens auquel François Mitterrand a participé, n'a eu lieu que... vingt ans plus tard, en 1992, il y a vingt-quatre ans ! Ensuite, le diagnostic sur le changement climatique (réchauffement ?) et son origine (solaire ou humain ?), son rythme (lent ou rapide), ses conséquences (gérables ou non ?), a fait l'objet de batailles homériques. Le débat a été déclaré clos en 2015 par le secrétaire général des Nations unies, après examen systématique de toutes les études de tous les contre-arguments (rôle du soleil, cycles normaux). Verdict : le réchauffement de la planète est avéré, rapide, d'origine essentiellement humaine, et les conséquences de ce changement climatique sont croissantes et potentiellement catastrophiques. Et si un très petit nombre de scientifiques continue à débattre de ce risque ou de ses causes, tout le monde désormais peut constater ce changement et approuve les principes d'une économie plus sobre et d'un recyclage systématique. Les pays émergents ont fini par renoncer – excepté encore un peu l'Inde et quelques pays producteurs de gaz ou de pétrole – à prétexter la responsabilité initiale des premiers pays industrialisés dans l'émission de gaz à effet de serre pour se défausser de la leur[1]. Ils admettent aujourd'hui qu'ils sont dans le même bateau, eux aussi menacés, et ont enfin pris des engagements sérieux et vérifiables à l'occasion de la COP21 au Bourget.

À propos du climat, l'interdépendance généralisée et le risque sont donc aujourd'hui admis. Au Bourget, les négociations ont porté sur le rythme, les modalités et le financement des contre-mesures, la transition et l'adaptation, pays par pays, les processus de mise en œuvre, d'où l'importance cruciale de l'acceptation d'un rendez-vous régulier d'évaluation.

Dans les pays développés, tout un chacun, même le productiviste le plus acharné, a fini par se sentir alerté à titre personnel, professionnel ou citoyen, voire comme simple téléspectateur, touriste ou promeneur, par un aspect particulier, indéniable et menaçant du dérèglement écologique général (pas uniquement climatique). Cependant, une partie de l'électorat américain renâcle et nie encore. En France, l'OPA gauchiste-radicale sur

1. Depuis 1850, on estime que les États-Unis sont responsables de 27 % des émissions de CO_2, les pays de l'UE de 24 %, la Chine de 11 % (essentiellement depuis 2000), la Russie de 7,5 %.

l'écologie politique a retardé pendant un temps la prise de conscience générale tant ses excès dogmatiques, sans rapport avec le sujet, et ses incessantes querelles internes ont rebuté l'immense majorité de l'opinion. La prise de conscience s'est néanmoins imposée grâce au travail de sensibilisation de personnalités exceptionnelles comme du fait d'accidents répétés : pollutions d'envergure, événements climatiques extrêmes, scandales alimentaires ou chimiques, mise en évidence par des études convergentes des liens entre santé et environnement, constantes informations sur les atteintes croissantes et irrémédiables faites à la nature. Tout cela dans un maelström de commentaires et une confusion constante, caractéristique des sociétés très médiatisées, connectées, instantanément réactives et qui n'accordent plus de valeur particulière, au contraire, et à son détriment, à la parole et à l'argumentation des experts, des scientifiques, des « sachants ». Chacun est encouragé à dire ce qu'il « ressent », et ce ressenti est considéré aussi valable que les explications des « autorités » ou des études approfondies des experts. Pagaille assurée.

Finalement, une angoisse écologique s'est diffusée dans nos sociétés. Cela s'est sans doute fait au prix de quelques simplifications grossières, de relations de cause à effet imaginaires, de chiffres contestables, de phobies parfois scientifiquement absurdes, mais elle s'est imposée. L'écologie, trop souvent ramenée à la seule question climatique, est même devenue un slogan (tout doit être « durable »), une cause, voire une religion, ce qui amène comme toujours les vrais croyants à combattre les tièdes et les hérétiques. Mais ne faisons pas la fine bouche : les grands mouvements d'opinion se font rarement dans la finesse, le respect des faits et la rigueur scientifique. L'essentiel est que la prise de conscience ait lieu ; ensuite, il faudra la rendre plus rationnelle.

De ce fait ne pourrait-on penser que les résultats obtenus à Paris-Le Bourget, grâce à l'infatigable impulsion de Laurent Fabius, marquent le vrai début de la refondation de la « communauté » internationale sur ces nouvelles bases, et que le mouvement est cette fois bien lancé et irréversible ?

En fait, c'est loin d'être le cas. Pour que cela soit acquis, il faudrait que plusieurs conditions soient remplies.

D'abord que ce diagnostic sur les risques écologiques globaux, véritable épée de Damoclès, soit jugé incontestable par le monde entier, que les innombrables dénis soient réfutés et les résistances surmontées. Or, les prises de conscience entraînées par la peur des conséquences des atteintes à l'environnement restent ponctuelles et très variables selon les régions du monde et les milieux vulnérables aux contre-arguments économiques (la croissance), et donc souvent fugaces. Ainsi, même à propos du climat, la mise en œuvre des accords du Bourget nécessitera pendant des années et dans chaque pays une mobilisation de tous les instants contre des oppositions prévisibles et des défections.

La prise de conscience des risques et la détermination collective d'y remédier sont beaucoup moins avancées sur la question de l'effondrement de la biodiversité. Selon certains spécialistes, les espèces animales et végétales disparaissent à un rythme inédit depuis soixante-cinq millions d'années, d'où le terme saisissant employé par quelques scientifiques, de « sixième extinction ». Tout cela est connu de façon abstraite, en toile de fond, surtout dans les classes moyennes occidentales, rivées à leurs écrans. Or, il faudrait une volonté de fer pour inverser ce phénomène qui résulte de l'augmentation de la population mondiale, amplifiée mécaniquement par l'ensemble de notre mode de vie : artificialisation des sols (urbanisation galopante, infrastructures, déforestation[1]) ; surconsommation

1. Au moins six mille huit cents hectares de plus par an, rien que pour la France.

de protéines animales ; hyperproductivisme de l'agro-industrie et son cortège de nuisances : pollutions massives qui s'accumulent dans les organismes vivants ; surpêche industrielle ; invasion des terres et des océans par les déchets non traités, et, finalement, réduction à une peau de chagrin des espaces vierges ou naturels : déserts, haute montagne, pôles, deltas, marécages.

À Nagoya, au Japon, en 2010, près de 190 pays, à l'exception notable des États-Unis, ont bien adopté un plan pour freiner d'ici à 2020 le rythme de la disparition des espèces. Mais ce plan, déjà insuffisant, n'est pas soutenu par une mobilisation comparable à celle que la France a su inspirer en 2015 pour le climat, même si celle-ci va dans le bon sens en ayant décidé de créer, en 2017, une Agence pour la biodiversité. Dans une grande partie du monde, l'effondrement de la biodiversité, y compris son aspect le plus visible, comme la disparition possible des ours blancs, des grands félins, des rhinocéros, des éléphants et des grands singes en liberté, est tenu pour triste et regrettable, mais pas comme un signe avant coureur. Émotion fugace. Certains trouvent même choquant de s'inquiéter à ce point des animaux alors que tant d'hommes souffrent, comme si l'indifférence aux animaux était une garantie de compassion pour les humains ! En revanche, la réduction massive du nombre des abeilles inquiète… surtout ceux qui en comprennent les risques pour la pollinisation, dont les abeilles sont un des principaux vecteurs, et donc pour l'alimentation humaine. Déjà, en Californie, maintenir la pollinisation des vergers nécessite de transporter des abeilles sur des centaines de kilomètres ! Cependant, l'indifférence, voire l'inconscience, reste dominante. Le lien entre tous les êtres vivants n'est pas réellement admis, alors qu'enrayer l'effondrement de la biodiversité devrait bel et bien devenir une urgence, au même titre que limiter le changement climatique.

Autre exemple, les effets négatifs, maintes fois démontrés, de l'accumulation des pollutions en tous genres et de l'abus de produits chimiques sur la santé de l'homme, comme le lien plus général entre l'environnement et la santé sont encore niés par certains sous prétexte que l'espérance de vie n'a jamais autant progressé que ces deux derniers siècles. C'est un fait, mais c'est surtout grâce aux antibiotiques et aux vaccins. D'ailleurs, l'espérance de vie a commencé à décliner aussi bien chez les Américains pauvres et obèses, victimes de la *junk food*, que chez les Russes du fait de l'alcool ou de la tuberculose.

Les effets sur les organismes vivants de l'accumulation pendant des décennies de diverses pollutions à hautes ou faibles doses, de pesticides, insecticides, herbicides, fongicides et autres perburtateurs endocriniens sont encore sous-estimés, voire controversés. Les tenants de l'agro-industrie intensive affirment que la Terre pourrait nourrir plus de 10 milliards d'habitants, que le dessalement de l'eau de mer permettrait de fournir de l'eau potable de façon illimitée, que le renoncement à leurs pratiques chimiques et productivistes entraînerait les plus graves conséquences dans le monde et le retour aux famines, etc. Certes, tout n'est pas faux dans ces affirmations, et il ne s'agit pas de renoncer à tout progrès, ni à changer toutes les pratiques du jour au lendemain, mais de se fixer un cap et d'avancer.

Les résistances à ce diagnostic de gravité alarmante et au changement sont donc à la fois d'ordre idéologique (le progrès), pratique (la croissance) ou de précaution (l'emploi).

*

La croyance en un progrès matériel illimité a seulement deux siècles. Il n'est donc pas surprenant que cette religion soit encore vigoureuse et que sa mise en cause ait longtemps suscité incrédulité ou fureur. Que n'a-t-on entendu : « Les écologistes veulent nous ramener à l'âge de pierre ! » Aujourd'hui encore, la majorité des Américains refuse de renoncer à son mode de vie, pourtant le plus néfaste et le moins durable qui soit. Les résistances s'annoncent très nombreuses pour retarder la mise en œuvre des engagements pris par Obama[1], mais aussi par les Chinois, qui ont rendu possible le succès de Paris-Le Bourget. La majorité des Américains semble vouloir pour le moment continuer à exploiter son charbon, à climatiser ou à chauffer à outrance, à user de l'eau et à consommer sans limites, et donc à polluer à sa guise[2]. C'est l'*american way of life*... Qu'en sera-t-il en 2017, après le départ d'Obama ?

L'ensemble des populations européennes nient moins l'évidence, mais répugnent quand même à changer leurs habitudes, sauf à la marge. Les Scandinaves faisant exception. Les sympathiques bobos urbains, végétariens, partisans du retour à la nature ou de la décroissance, et autres communautés

1. La Cour suprême a, dès le 9 février 2016, suspendu le plan américain pour une énergie propre proposé par Barack Obama (America's Clean Power Plan) et qui prévoyait une réduction de 32 % d'ici à 2030 des émissions de gaz à effet de serre liées à la production d'électricité.

2. Un Américain rejette chaque année 18 tonnes de CO_2, soit 32 fois plus qu'un Somalien !

ne formeront jamais à eux seuls une majorité, même s'il y a, au-delà de ces groupes, une part croissante de la société prête à adopter un mode de vie plus sain par prudence et rationalité, non par utopie. Quant aux classes moyennes des pays émergents, elles veulent avant tout et massivement accéder à ce mode de vie régulièrement décrié chez nous !

Il faudra donc procéder par étapes. Il n'y a rien de surprenant à ce que chaque groupe humain défende avec acharnement ses habitudes et ses intérêts immédiats qui correspondent aux années qu'ils ont à vivre sur terre. Il est probable que des dizaines de millions de gens, au bas mot, voire des centaines, seraient menacés dans leurs activités, et donc dans leurs revenus et leur subsistance, si l'on mettait brusquement fin aux pratiques modernes catastrophiques et anti-écologiques, et ils ne sont pas prêts à se laisser faire ! Quant à l'utopie d'une vie libérée du travail par un revenu universel garanti (par qui ?) elle ne représente évidemment pas une solution viable.

Prenons l'exemple, particulièrement significatif, de la consommation globale de viande, obsession millénaire de l'*Homo sapiens*, concrétisée seulement au XXe siècle et qui a pris la forme caricaturale d'une surconsommation. Si on la réduit trop vite, pour des raisons de santé publique et d'écologie, que va-t-on faire de tous ceux qui travaillent aux

États-Unis, au Brésil, en Argentine, en Allemagne, en France et ailleurs comme éleveurs, vétérinaires, salariés des laboratoires, vendeurs, employés d'abattoirs, bouchers, charcutiers, restaurateurs… ? Et que va-t-on faire de tous ceux qui défrichent des terres pour y développer des cultures destinées à l'alimentation animale, pour nourrir des bêtes qui, quand elles ne sont pas maltraitées, sont bourrées d'hormones, d'antibiotiques et de tranquillisants et qui, de surcroît, dégagent du méthane ?

On peut donc s'attendre à de très fortes résistances qui ne seront surmontées que par un plan de reconversion crédible et progressif, à moyen et long terme, et par la mise en place d'autres modes de vie alimentaires que les consommateurs exigeront de plus en plus. Ce n'est qu'un exemple !

C'est là que les leaders politiques écologistes « maximalistes » ont raté le coche. Selon eux, le futur ne devait être que punition, privation, mortification, expiation, dénonciation, rétrécissement et, en prime, gauchisme sociétal ! Comment mobiliser ainsi ? Ajoutons à cette capture sectaire de l'écologie d'autres éléments peu engageants : la science-fiction vue au cinéma est le plus souvent catastrophiste[1],

1. Isaac Asimov est plus subtil et plus profond dans son œuvre romanesque : *Le Cycle de Fondation.*

la science est sans conscience, la technologie plus encore. Quant au marché, il sera aveugle tant qu'il ne sera pas réorienté entre autres par un prix élevé du carbone et qu'il ne devra pas tenir compte des coûts écologiques abusivement externalisés, ni de l'amputation non comptabilisée du patrimoine naturel. Tout cela devrait venir en déduction du PIB (produit intérieur brut).

Les dirigeants autocratiques, quant à eux, sont d'abord obsédés par leur maintien au pouvoir grâce à la « croissance », quelle qu'elle soit (en Chine, les fameux 7 %, longtemps fétiches avant la récente baisse de croissance), et par l'endiguement des revendications démocratiques de leur peuple.

Les dirigeants démocratiques modernes sont maintenant écologiquement bien intentionnés ou obligés de feindre de l'être. Ils sont « écologiquement corrects », mais ils sont d'abord considérés comme comptables de la croissance et de l'emploi, et ils sont structurellement faibles, sauf pendant un bref moment, dans les quelques semaines qui suivent leur élection. Le FMI ne parle que de la « croissance mondiale », 1, 2, 3 %, de façon purement quantitative, comme si son contenu ne le concernait pas ! La crise de 2008, et ses suites, a fait de nouveau prévaloir cette obsession de la croissance à tout prix et a contribué à retarder, pour un temps, l'effort écologique.

Tout cela est aggravé par le court-termisme économique et politique, la dictature de l'urgence réactive, l'esprit de lucre du capitalisme financier contemporain, l'égoïsme (« après moi le déluge »), la paresse, mais aussi par le manque d'imagination sur le contenu possible d'une autre croissance.

*

Malgré ces freins pratiques et théoriques, une véritable prise de conscience affleure de partout, comme issue de mille sources, et ce à travers le prisme d'innombrables films, documentaires, livres, colloques et conférences, et à l'occasion de controverses, d'accidents, d'affrontements politiques, d'actions d'ONG, d'événements ponctuels.

Cette prise de conscience n'est plus cantonnée aux jeunes activistes des pays développés. La remarquable encyclique (*Laudato si'* – Loué sois-tu) du pape François en 2015[1] en est l'un des signes inattendus et parmi les plus spectaculaires. En effet, les trois religions révélées, dites du Livre,

1. Jean-Paul II avait déjà abordé ces sujets sans aller jusqu'à en faire une encyclique.

ont mis l'accent, depuis leur apparition dans la rudesse du Proche-Orient, non pas sur l'harmonie avec la nature, mais sur la domination de l'homme sur celle-ci. Exception notable, qui confirme la règle : saint François d'Assise qui parlait de « nos frères les oiseaux ». Néanmoins, ces religions révélées sont relativement récentes (quelques milliers d'années) au regard des dizaines de milliers d'années, voire plus, pendant lesquelles l'homme a certainement été animiste, guidé ou non par des chamans, a adoré ou craint le Soleil, la Lune, le jour, la nuit, l'eau, la pluie, le tonnerre, l'arbre, les animaux, etc., et a donc cherché pour survivre (trouver à chasser, à pêcher et à cueillir) à s'insérer au mieux dans la nature pour en connaître tous les secrets. En novembre 2014, j'ai participé, à l'université de Toronto, à une réunion d'experts stratégiques qui m'a particulièrement marqué, même si un tel préambule n'est pas inhabituel au Canada. En effet, cette réunion a commencé par une invocation du « Grand Esprit » par le chef Walter Redstone Ojibune, représentant une tribu d'Indiens, premiers habitants de l'Ontario, afin de nous rappeler, après un lent chant rituel de bienvenue, rythmé par lui-même sur son tambourin, que nous ne sommes que les hôtes de la nature, à l'instar des autres vivants. Tout cela, sans que quiconque, expert, représentant des services secrets, militaire de haut rang ou diplomate, ricane.

Qu'un pape donne à entendre ce qu'a écrit saint François, avec une telle force, est donc proprement révolutionnaire et devrait trouver une résonance positive non seulement chez les catholiques de pratique et de culture, mais plus largement dans tout l'Occident, encore marqué en profondeur par les valeurs chrétiennes, même après qu'elles eurent été sécularisées au XVIIIe siècle en valeurs occidentales-universelles. Cela devrait contribuer à dépasser l'« humanisme réducteur » et à nous rapprocher de l'« humanisme réconcilié » avec la nature et de la « Charte des droits du vivant » que préconisait déjà Claude Lévi-Strauss, un des esprits majeurs du XXe siècle, injustement mal compris par certains à la fin de sa vie quand il affirmait le droit des sociétés, européennes comme amazoniennes, à défendre leur identité menacée.

Il y a eu ainsi quelques rares grands précurseurs, comme René Dumont. Mais également des personnalités médiatiques avant la lettre, voyageurs, marins, montagnards, spéléologues, vulcanologues, amoureux des pôles ou des déserts qui ont su merveilleusement parler de la nature au grand public et ont lancé des cris d'alarme : le professeur Piccard, Jacques-Yves Cousteau, Roger Frison-Roche, Paul-Émile Victor, Alain Bombard, Haroun Tazieff,

Samivel, Jean Malaurie, Théodore Morod. Plus récemment, l'explorateur Jean-Louis Étienne, ou la navigatrice Isabelle Autissier, certains paléo-anthropologues comme Yves Coppens[1] ou Henry de Lumley, des zoologues, des spécialistes des grands singes, souvent anglo-saxons, telle Jane Goodall, des protecteurs de la faune sauvage, tel Richard Leakey, des défenseurs des baleines, à l'instar de Paul Watson. Des ONG aussi, comme Wildlife Angel qui veut sauver les animaux sauvages, etc.

Plusieurs sages ont rappelé la nécessaire relation homme-nature à partir de la religion ou de la philosophie. Le dalaï-lama, bien sûr, mais aussi le moine bouddhiste Matthieu Ricard. L'académicienne Marguerite Yourcenar, qui cuisait son pain dans sa maison de Petite-Plaisance, sur l'île des Monts-Déserts, dans l'État du Maine, aux États-Unis, disait : « J'économise le bois vendu commercialement, parce qu'il faut économiser la forêt. » Michel Serres aussi s'en est soucié, depuis *Le Contrat naturel*, en 1970. Pensons aussi à ces figures actuelles qui ont un immense impact sur le grand public, tels Yann Arthus-Bertrand ou Nicolas Hulot, à des écrivains comme Sylvain Tesson, à des cinéastes comme Jacques Perrin.

1. Qui pense avec un certain optimisme que l'humanité « ayant vécu trois millions d'années dans une parfaite durabilité, jusqu'au XIXe siècle », peut encore se ressaisir.

Des penseurs politiques, des philosophes, des économistes sont de plus en plus nombreux, après un cheminement longtemps réfléchi, à s'être emparés du sujet. Le dernier en date, après Michel Rocard, est Daniel Cohen, dans son dernier essai : *Le monde est clos et le désir infini*. En fait, cette liste qui pourrait être beaucoup plus longue, ne fait que s'allonger chaque jour. L'écologie n'est plus réservée aux écologistes politisés, aux « professionnels de l'écologie ».

Lancer un processus irréversible

Les esprits mûrissent donc, et sont prêts à aller plus loin, mais comment s'y prendre ? Passer, en très peu de temps, de la croissance, panacée obsessionnellement recherchée, mais prédatrice, à une gestion consensuelle, écologiquement responsable, et donc durable, des ressources est, on l'a vu, tout bonnement impossible. Trop brutal. Les technologies ne sont pas prêtes. Ni les hommes. Impossible de réimplanter une culture scientifique en peu de temps, et les systèmes politiques et leurs processus sont ce qu'ils sont. Les mentalités résistent. La vraie transition écologique englobera tout. Elle ne sera pas seulement celle des technologies de la fiscalité ou des lois, mais celle d'une révolution des mentalités et des « valeurs », jusqu'à ce que l'ensemble fonctionne par lui-même, sans diktat. Cela prendra du temps. Quand on disait à Lyautey : cet arbre mettra des dizaines d'années à grandir, il répondait : « Eh bien ne perdons pas de temps. Plantons-le dès aujourd'hui. »

Ne perdons plus de temps.

*

La solution ne réside pas dans des injonctions idéologiques, des interdictions inapplicables, parce que prématurées ou non préparées, du genre « sortir du nucléaire », ni dans des révolutions radicales irréalisables, ni dans l'« arrêt de la croissance » ou la « décroissance », mais dans un processus systématique d'écologisation, d'ailleurs déjà entamé, mais trop timidement et sans que les opinions publiques en aient pris conscience. Il faut l'expliquer, l'accélérer, l'orchestrer, le renforcer, en faire un concept reconnu, une volonté, une politique. Ce processus devra être poursuivi pendant des décennies, comme cela a été le cas pour l'industrialisation. Il faudra le soutenir grâce à l'intensification des recherches scientifiques et technologiques – ce qui nécessitera une réconciliation des sociétés modernes et de la science –, grâce aussi à des incitations fiscales et des signaux donnés au marché, tel un prix élevé du carbone, déjà évoqué, et d'autres encore.

L'objectif est de parvenir, à terme, à une économie de recyclage émettant un minimum de déchets, sobre, presque complétement circulaire, non polluante, une société et une économie entièrement écologisées. Non pas une société sans croissance, mais avec une croissance au contenu très différent, mesurée autrement, par un PIB-E, « E » comme écologique, intégrant la valeur du patrimoine naturel et mesurant ce qui l'enrichit comme ce qui l'appauvrit, ce qui aurait le mérite de rendre le marché intelligent[1]. Chaque année, la « chambre des générations futures », merveilleuse idée de Jacques Attali[2], évaluerait, domaine après domaine, nos avancées, nos stagnations ou nos reculs, distinguerait les fausses avancées des vraies et ferait des recommandations publiques aux autorités, aux entreprises, aux ONG, etc.

Un jour, le phénomène se nourrira de son propre élan. Une logique aura été substituée à une autre,

1. Mais sans intégrer en plus la dimension sociale qui doit être évaluée autrement, et encore moins l'immesurable « bien-être »... Plusieurs commissions s'y sont épuisées.

2. Également envisagée par Robert Lion, Dominique Bourg ou Nicolas Hulot.

mais grâce à un processus, pas à un face-à-face stérile et hargneux entre ce qui est écologique et ce qui ne l'est pas, entre ce qui est durable ou pas à l'instant T. Un vaste mouvement enveloppant et dynamique.

*

L'écologisation n'aura pas lieu au même rythme dans tous les secteurs. L'écologisation de l'industrie est bien partie : réduction des déchets, du bruit, de l'énergie, sobriété accrue, cimenteries avec recyclage presque total, captation du CO_2 en attendant des technologies non émettrices de CO_2, etc. Celle de la chimie pose des problèmes plus complexes, mais elle va se métamorphoser aussi. Celle de la construction et de l'habitat est très prometteuse, puisqu'on est déjà capable en Europe de réaliser des bâtiments à énergie positive et que les professionnels vont s'y convertir et s'y former progressivement, avec d'importantes incitations financières au début. Voir, en France, le plan « Bâtiment durable », le projet de label BBC (bâtiment bas carbone), etc. En généralisant les acquis de ces premières expériences, il y aura du travail pour des entreprises formées à ce nouveau savoir-faire pendant des décennies, et partout dans le monde.

En revanche, déjà retardée par le prix très bas du kilowattheure/charbon et maintenant du baril de pétrole, l'écologisation de l'énergie, et donc celle des transports, a été perturbée dans une partie de l'Occident par l'obsession électoraliste de sortie du nucléaire bien avant que les énergies renouvelables soient rentables, d'où par exemple la relancc du charbon en Allemagne ! Cependant, elle progresse. La loi française sur la transition est un compromis à peu près viable. Elle ne connaîtra son plein essor que lorsque le prix du kilowattheure produit à partir du charbon sera devenu prohibitif (de grands fonds d'investissement commencent à se retirer du charbon) et quand on sera capable de stocker, de façon sûre, économique et durable, l'énergie électrique. Dans le domaine automobile, les progrès vont être spectaculaires. L'écologisation de l'aéronautique sera plus compliquée, plus lente et moins complète, mais il y aura quand même des avancées.

Or, l'énergie, par tout ce que cela implique, est une des clefs de l'écologisation.

L'écologisation de l'agriculture, de l'agro-industrie et de la pêche s'annonce en revanche longue et humainement beaucoup plus difficile à faire admettre aux intéressés qui se sentiront fragiles et menacés.

Revenons à la question de la viande. Du fait de l'accroissement de la population, la consommation de protéines animales dans le monde devrait continuer de progresser mécaniquement jusqu'en 2050 ! Modifier cela suppose de changer les habitudes alimentaires et toucherait en plus directement aux intérêts et aux mentalités de toute une filière économique, dont la population, nombreuse, déjà mal comprise et sans avenir assuré, se sent agressée, sans solution visible de remplacement. Il faudra que les producteurs, intermédiaires et consommateurs évoluent. Soyons concrets : pour les raisons évoquées plus haut, il faudra convaincre les Américains (et les Européens) de manger moins de viande ; les Asiatiques de ne pas se mettre à en consommer plus ; les Japonais de manger moins de baleine (ils en consomment déjà moins) et moins de thon. Convaincre les producteurs européens de mettre un terme à l'élevage ultraproductiviste d'exportation[1] ; les pêcheurs asiatiques de cesser de racler les grands fonds marins.

Plus largement, il est urgent de prendre des mesures radicales pour sauver les abeilles, etc. Le rôle des pesticides néonicotinoïdes dans l'hécatombe des abeilles est établi. Certains ont été interdits. Mais d'autres, plus récents, et encore dangereux,

1. Les énormes truies reproductrices immobilisées sous leur propre poids dans les fermes géantes allemandes de l'ex-Allemagne de l'Est, données en exemple aux éleveurs bretons : on croit rêver ! Ou les élevages de poissons hyperpollués…

sont mis sur le marché, dont l'interdiction et la substitution prendront du temps. Course de vitesse dans laquelle les procédures d'interdiction sont plus lentes. Bon exemple des difficultés à surmonter.

Au total, il faut donc réhabiliter une agriculture plus biologique, moins chimique[1], moins industrielle, de proximité et, en même temps, productive (c'est vital en Afrique), ainsi qu'une pêche raisonnée.

Ce programme de long terme peut paraître disparate, mais il forme un tout. Il implique de trouver des modes de production ou d'élevage de remplacement. Au total, ce seront les consommateurs mieux informés, plus avertis, qui trancheront. En France, près de 9 % des agriculteurs passent chaque année au bio[2]. Cela représente déjà 1,3 million d'hectares, 4,9 % du territoire agricole en France.

*

Si on l'étend à la protection de la biodiversité, la liste des actions à mener s'allonge : empêcher les riches Chinois de payer à de vraies mafias de

1. La France est en Europe le premier utilisateur de pesticides pour l'agriculture : 5,4 kg pulvérisés par an par hectare cultivable, contre 3 kg en moyenne en Europe. L'achat de produits phytosanitaires a bondi de 9 % en 2013, et de 9,4 % en 2014…

2. Pierre Rabhi, écologiste, économiste et agriculteur, a depuis longtemps ouvert la voie.

trafiquants des cornes de rhinocéros censées être aphrodisiaques, trafic qui entraîne l'extermination de cette espèce (et auquel le Viagra aurait dû mettre un terme !) ainsi que les collectionneurs d'ivoire de Hong Kong de faire massacrer les éléphants à cette fin ; convaincre les Africains de cesser de manger de la viande de brousse (singe et autres), même si, en fait, ils le font rarement, mais ce qui par ailleurs contribue à la propagation d'épidémies ; neutraliser aussi les puissantes mafias de trafiquants de bois tropicaux rares ou d'animaux exotiques. Bien sûr, accroître la superficie des parcs et des réserves, espaces protégés, et les relier entre eux chaque fois que c'est possible ; préserver les régions du monde les plus riches en espèces variées de bois, l'Amazonie, le delta du Congo, l'Indonésie, la Papouasie et la Nouvelle-Guinée, de la déforestation et de l'exploitation abusive. Stabiliser l'artificialisation des sols, c'est-à-dire contenir l'urbanisation et réduire l'emprise des infrastructures.

Vaste programme !

*

Quel rapport avec la géopolitique ?

La mise en œuvre de ces diverses révolutions écologiques aura un effet très concret sur les relations internationales, dans la mesure où les États ne seront plus seulement considérés, comme c'est le cas aujourd'hui, comme des menaces ou des piliers de la sécurité internationale, ou des moteurs ou non de la croissance économique mondiale, mais comme des soutiens ou des obstacles à l'écologisation. La qualification d'États « voyous », utilisée par la Maison-Blanche contre les États de l'Axe du mal au temps de la rhétorique reaganienne (Libye, Iran, Corée du Nord), pourrait resurgir, appliquée cette fois au comportement écologiquement voyou de tel ou tel État. Il en irait de même du concept de « crime contre l'humanité ». Celui-ci pourrait être redéfini autrement, plus seulement comme l'action de commettre des crimes atroces contre des personnes ou des groupes représentant symboliquement toute l'humanité, mais comme ce qui met réellement en péril l'humanité tout entière, par exemple un pays qui refuserait pendant des années de réduire ses émissions de CO_2 (lesquelles seront bientôt mesurables depuis des satellites) ou laisserait s'effondrer la biodiversité.

*

Pourtant, tout laisse à penser que, même si elles se disent désormais convaincues, à quelques petits groupes inconscients près, de l'urgence écologique, la majeure partie des élites occidentales n'est en réalité pas prête à abandonner sa posture surplombante d'une croisade pour une communauté internationale conçue à ses yeux comme l'alignement sans réserve du monde entier sur les « valeurs occidentales-universelles », abstraction faite de l'écologie. Invoquer l'écologie dans des discours est possible, jusqu'à la saturation. De là à œuvrer à la création d'une « communauté écologique internationale » et y consacrer les vingt prochaines années en abandonnant nos réflexes pavloviens d'Occidentaux, il y a un pas que peu franchissent. Il ne s'agirait pourtant que de compléter la démocratie et l'économie de marché, pas de les sacrifier au profit de la nature !

Ce changement de grande ampleur nécessite d'être pensé et mûri. Or, la plupart des intellectuels qui, depuis deux siècles, ont poursuivi en dignes héritiers du haut clergé d'autrefois des controverses quasi théologiques continuent le plus souvent à préférer les concepts, les controverses théoriques et les affrontements de principe aux faits, travers que Tocqueville avait déjà relevé comme une de nos spécialités. En effet, pour mener à bien l'immense et indispensable métamorphose écologique, il faudra encore plus de technologie, d'innovation et de sciences que de « valeurs » ou de croyances. En fait, il faudra les deux, mais tout cela risque de ne pas fournir assez de clivages théoriques pour certains ! C'est à cette synthèse entre la théorie et la pratique qu'il faudra donner un sens, d'autant que le lyrisme ne convainc plus, que la « com » verte a lassé, que le catastrophisme écolo a sidéré, terrorisé, puis a été rejeté, pour finir par n'être plus audible du fait de ses excès. Il rate son but, alors que, jour après jour, il faut bien vivre et donc faire tourner la machine économique ! Pour rendre entraînante la pédagogie de l'écologisation, il faudra des faits, du réalisme, du concret, de l'innovation, des exemples réussis, de la persévérance, des feuilles de route, des calendriers. Tout ce qui rend nos élites actuelles mal à l'aise, alors que les entrepreneurs, les ingénieurs, les chercheurs, les techniciens, les artisans, les agriculteurs, si on leur donne le choix, le maîtrisent. Toutefois, ou ce processus s'imposera ou de nouvelles élites, différentes, capables de parler, de convaincre et d'agir autrement les supplanteront, et ce en une ou deux générations.

*

Tout cela ressemble à une utopie. Pourtant, ce n'en est pas une. C'est une obligation qui va s'imposer à l'humanité. Autant vivre en l'assumant et en l'ayant pensée que la subir à reculons dans le désordre des controverses stériles et la panique. Au XXe siècle, une grande partie de l'humanité s'est sauvagement entretuée au nom d'utopies idéologiques meurtrières. Au XXIe siècle, le monde pourrait découvrir son unité fondamentale et se retrouver tout entier dans cette nouvelle utopie, y compris les pays, régions et peuples aujourd'hui ravagés par la guerre, l'extrême pauvreté, la crise économique, voire en pleine régression d'extrémisme religieux et pour qui l'écologie est le cadet des soucis. Ils comprendront tôt ou tard qu'aucune partie du monde n'est à l'abri du compte à rebours écologique qui ne menace pas que les îles du Pacifique. Bien sûr, les désaccords seront nombreux : comment conduire cette mutation ? À quel rythme ? … Mille questions se poseront. Les conflits seront légion. Mais, à mesure que le diagnostic sur la gravité de la situation sera plus largement partagé, comme il l'est à peu près s'agissant du climat qui n'est qu'un aspect du problème, certes très grave, mais un aspect quand même, il sera plus facile pour les États, les élus, les associations, les ONG, les entreprises, les citoyens, les individus de s'entraîner mutuellement.

Cette incitation méthodique à l'écologisation raisonnable devrait être une des quelques vraies priorités des institutions européennes qui pourraient ainsi se reconcentrer, comme le souhaitent le président Jean-Claude Juncker et le vice-président Frans Timmermans, sur quelques actions essentielles que même les déçus de l'Europe ne pourront contester.

*

Quand ce cercle vertueux aura éveillé la conscience des éléments d'une civilisation nouvelle, que celle-ci aura été pensée et conceptualisée, qu'elle aura été traduite en une nouvelle « narration » et en d'autres politiques, l'anthropocène ne sera plus synonyme d'une course vers l'abîme issue d'un pacte faustien, mais de durabilité retrouvée. *In extremis*.

Cette gigantesque mutation de l'humanité – qui prendra des dizaines d'années et caractérisera de gré ou de force la première moitié, au moins, du XXIe siècle – ne mettra un terme ni à l'« Histoire », ni aux relations internationales, ni à la compétition entre les puissances. Pas plus qu'aux aléas de la politique et du pouvoir, aux bonheurs et malheurs de la vie humaine. Mais, peu à peu, elle reconfigurera tout, y compris les notions de puissance et d'influence, comme celles de réussite ou d'épanouissement. Même la distinction gauche-droite, apparue avec la Révolution et enracinée au XIXe siècle en réaction aux conditions abjectes dans lesquelles vivait le prolétariat aux époques de Marx, de Zola, de Dickens, distinction devenue de plus en plus artificielle, même si elle correspond encore à des « familles » politiques établies et à des traditions électorales, sera un jour supplantée par d'autres, peut-être aussi clivantes, mais sur d'autres bases.

D'ici là, l'Occident, qui peut de moins en moins imposer seul ses solutions au monde, aura été contraint à un compromis avec *the rest*, les émergents et les autres. L'économie aura dû être re-régulée, et pas seulement écologisée, et numérisée. Mais c'est la prise de conscience par les peuples eux-mêmes de l'urgence écologique, et donc leurs exigences mues par leur impatience, qui deviendra la force principale. Sinon…

Quand tous auront reconnu, fût-ce à contrecœur, que l'ensemble des êtres vivants sur cette planète forme une communauté solidaire, au destin partagé, tout sera différent. Le monde aura alors relevé le plus grand défi qu'il s'était lancé à lui-même.

TABLE

Photocomposition Nord Compo
Villeneuve-d'Ascq

Pour l'éditeur, le principe est d'utiliser des papiers composés de fibres naturelles, renouvelables, recyclables et fabriquées à partir de bois issu de forêts qui adoptent un système d'aménagement durable.

En outre, l'éditeur attend de ses fournisseurs de papier qu'ils s'inscrivent dans une démarche deÞcertification environnementale reconnue.

Achevé d'imprimer
par Dupli-Print à Domont (95)
en février 2017

Dépôt légal : février 2016
N° d'impression : 2017020084
72-2017-7/06

Imprimé en France